KB168559

지웅배 지음

오늘은
달 탐사

달에서 한 달 살기,
가능할까?

다른

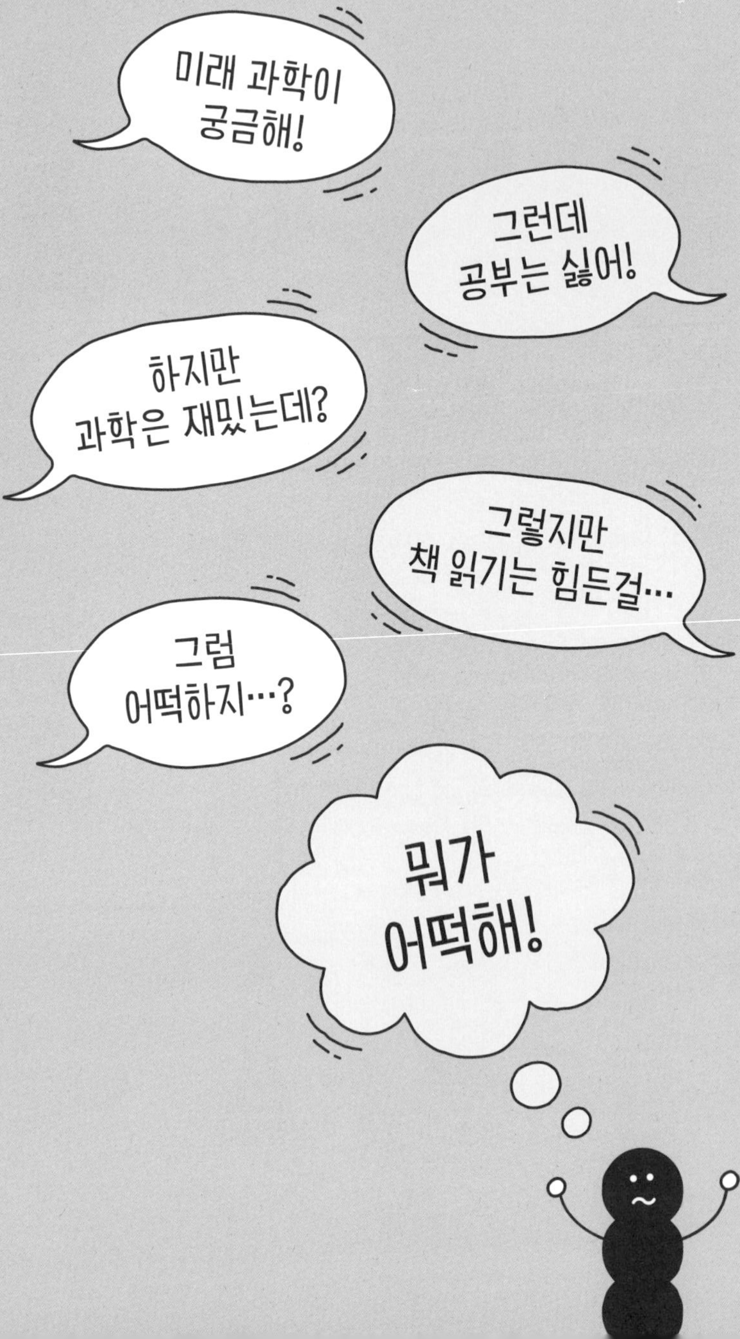
미래 과학이 궁금해!
그런데 공부는 싫어!
하지만 과학은 재밌는데?
그렇지만 책 읽기는 힘든걸…
그럼 어떡하지…?
뭐가 어떡해!

짠!

앉은 자리에서
뚝딱 끝낼 수 있는
과학 지식이 여기 있잖아!

짧고 굵고 빠삭하게, 최신 과학을 과자처럼

오늘도 가볍게
완독!

완독 후 마무리를 도와줄 [찜 노트]는 여기 있다!
문해력·발표력·토론력·창의력 활동 모음

뉴스 봤어?
달 탐사를 향한
전 세계의 관심이 뜨거워

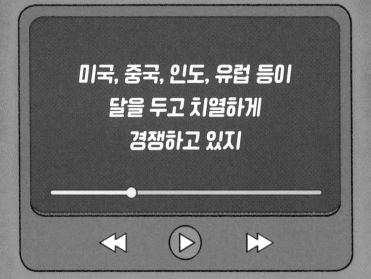

미국, 중국, 인도, 유럽 등이
달을 두고 치열하게
경쟁하고 있지

우리나라도 다누리를
달에 보내는 데 성공하면서
달 탐사국이 됐잖아!

우리는 왜 50년 만에
다시 달에 가려는 걸까?

달 우주정거장을
지으려는 이유는 뭘까?

달에 가면 깜짝 놀랄
보물이라도 있는 걸까?

달 탐사가 궁금한
너를 위해 준비했어

지금부터
나를 따라와!

차 례

1장

달의 정체가
궁금해

013

별, 행성, 위성, 달 + 부담스럽게 큰 지구의 위성 + 지구에서 꽤 멀리 있어 + 지구에선 달도 태양만 해 + 커졌다 작아졌다 한다고? + 달토끼와 크레이터 + 앞뒤가 달라도 너무 달라 + 우리가 보는 달은 절반 그 이상? + 최초의 달 관측 + 갈릴레오의 흑역사 + 지구조와 터미네이터

요점만 싹둑! 공부 절취선 + 041

2장

달 탄생의
비밀을 풀어라!

043

달의 기원을 찾아서 + 달 탄생은 3시간 컷? + 달의 조각을 품은 지구 + 밀물과 썰물이 없었다면? + 달이 있어야 계절도 변해 + 천문학의 실험 도구

요점만 싹둑! 공부 절취선 + 065

3장

달나라 여행 말고 달 탐사

067

최초의 우주여행? + 달에 핵폭탄을 터트릴 뻔한 미국 + 소련과 미국의 우주 경쟁 + 우주 실험에 희생된 동물들 + 사람보다 먼저 달에 간 꼬부기 + 마지막 리허설 + 나치가 만든 로켓 + 아폴로 1호의 비극 + 사람을 태우고 달까지 + 우주선을 뗐다가 붙였다가 + 작은 발걸음, 커다란 도약 + 달 착륙이 조작? + 달에 설치한 반사판 + 달에 사는 생명체? + 지구 귀환 미션 + 아폴로 계획이 끝나기까지 + 취소된 미션들

요점만 싹둑! 공부 절취선 +123

4장

우리는 왜 다시 달에 갈까?

125

다시 시작된 달 탐사 + 달 뒷면에 간 창어 4호 + 어둠 속에서 물 찾기 + 한국의 첫 달 탐사선 + 인류를 구원할 달의 보물? + 헬륨-3는 왜 유용해? + 달 자원의 주인 + 다시 달에 가자, 아르테미스 계획 + 달에서 살아갈 시대 + 달 기지가 가져올 미래 + 미국과 소련, 그다음은? + 달을 노리는 민간 기업들 + 달 남극에 착륙한 1등은?

요점만 싹둑! 공부 절취선 +163

참고 자료 +164

1장

달의 정체가
궁금해

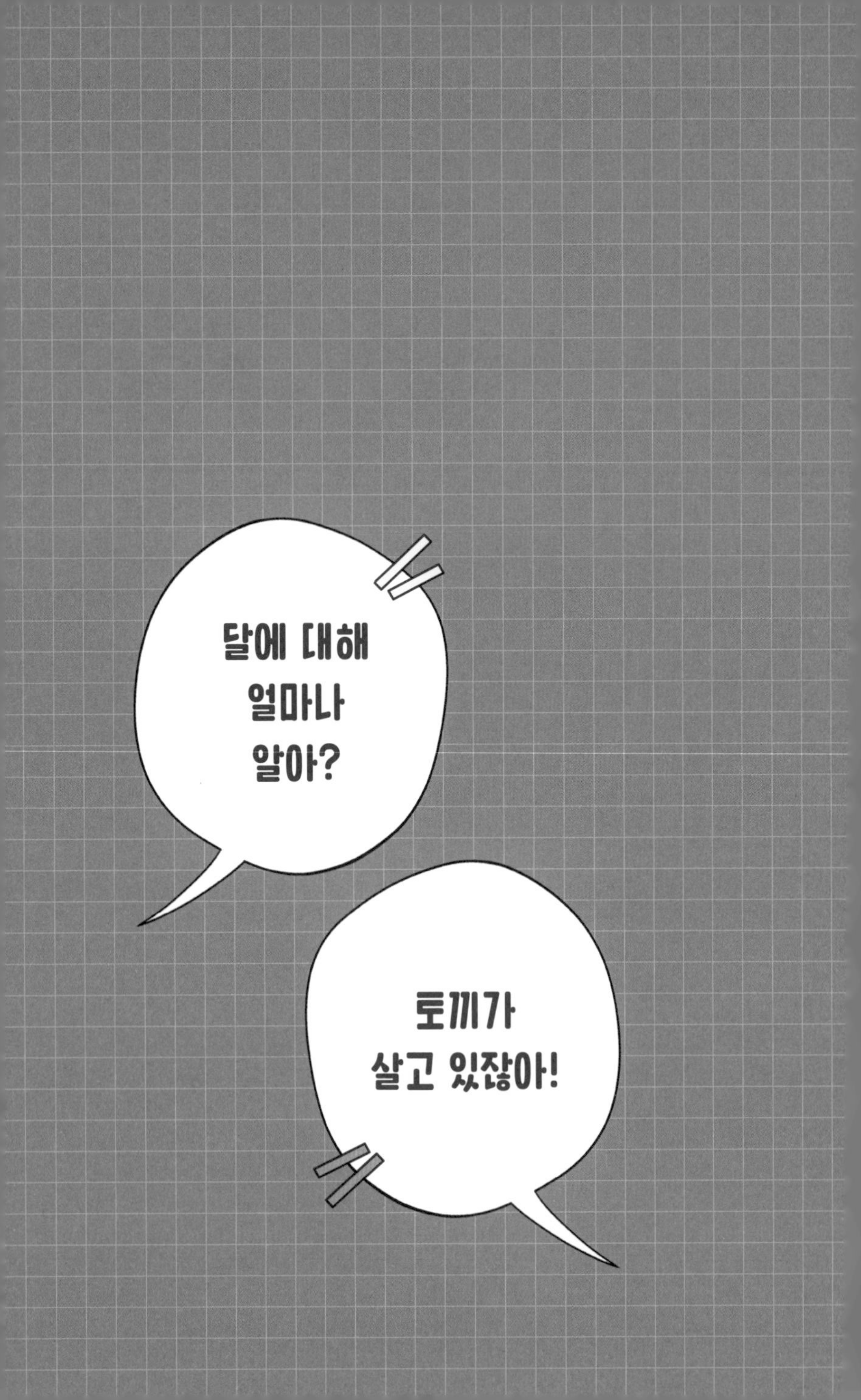
달에 대해 얼마나 알아?
토끼가 살고 있잖아!

별, 행성, 위성, 달

달을 외계인이 만들었다는 이야기 들어 봤니? 매일 밤 우리 머리 위로 뜨는 달이 오래전 외계인들이 만들고 도망간 인공 구조물이라는 말이 있어. 우주와 관련된 대표적인 음모론이지. 사람들은 왜 이런 생각을 하게 된 걸까? 얼핏 보면 달은 참 어색하기 때문이야. 자연적으로 만들어진 천체라기에는 무언가 이상하다는 거지. 그럼 달이 왜 유독 이상해 보이는지 알아볼까?

자세한 이야기를 하기 전에 헷갈리지 않도록 용어를 먼저 정리하자. 우주에 있는 천체들을 부르는 다양한 이름이 있지. 흔히 밤하늘에서 빛나는 작은 점을 모두 별이라고 부르는데 사실 그중에는 별이 아닌 천체가 섞여 있어.

별은 밝게 빛나는 거대한 가스 덩어리를 의미해. 스스로 타오르며 빛을 내지. 그렇다면 지구에서 가장 가까운 별은 무엇일까? 바로 태양이야! 별은 밤하늘에서만 볼 수 있다고 생각하지만 그렇지 않아. 태양도 스스로 빛을 내는 엄연한 별이야. 지구와의 거리가 너무 가까워서 지구의 하늘을 파랗게 채울 만큼 밝게 보일 뿐이지.

이런 태양 주변을 도는 천체들이 있어. 태양에서 가까운 순서대로 수성, 금성, 지구, 화성, 목성, 토성, 천왕성, 해왕성이 있지. 이처럼 별 주변을 맴도는 크고 작은 천체를 **행성**이라고 불러. 지구의 밤하늘에서 볼 수 있는 태양계 행성들도 있는데, 그냥 봐서는 별이랑 구분하기 어려워. 태양계 행성들도 별처럼 작은 점으로 빛나고 있거든.

별과 행성에는 중요한 차이점이 있어. 별은 스스로 타오르며 빛을 낸다고 했잖아. 태양계 행성은 달라. 별만큼 뜨겁지 않거든. 그래서 스스로 빛날 수 없지. 행성은 비춰진 태양 빛을 반사해서 빛나 보일 뿐이야. 그래도 둘을 구분하는 게 어렵다고? 그럼 이렇게 생각해 봐. 별은 영어로 스타star니까 스스로 빛을 내는 천체만 별이라고 부르는 거지! 이런 아재개그라면 헷갈리지 않겠지?

위성은 또 뭘까? 행성 곁을 도는 천체를 **위성**이라고 해. 행성의 중력에 붙잡혀 주변을 맴도는 녀석들이지. 여기서 중력이란 질량이 있는 물체끼리 끌어당기는 힘을 말해. 지구 곁을 도는 달도 위성이야. 그런데 지구 주변에는 인간이 쏘아 올린 인공적인 위성도 있어. 바로 인공위성이지.

위성은 지구에만 있을까? 그렇지 않아. 태양계에는 수성과 금성을 뺀 모든 행성이 하나 이상의 위성을 거느리고 있어. 특히 목성과 토성처럼 덩치가 크고 중력이 강한 행성들은 정말 많은 위성을 지니고 있지. 현재까지 목성 주변에서 발견된 위성은 80개나 돼. 토성 주변에선 83개의 위성이 발견되었어. 사실 몇 년 전까지만 해도 위성이 가장 많은 행성은 목성이었거든. 그런데 최근 토성 주변에서 새로운 위성들이 한꺼번에 발견되면서 토성에게 1위 자리를 뺏겼지.

달은 원래 수많은 태양계 위성 중에서 지구 주변을 도는 특정한 천체를 의미해. 그런데 요즘은 그 의미가 조금 달라졌어. 지구의 유일한 위성이 달이다 보니, 달이란 말 자체가 위성과 거의 같은 의미로 쓰이고 있지. 그래서 '목성의 위성'이라는 말 대신 '목성의 달'이라고도 해. 하지만 이 책에서는 헷갈리지 않도록 달과 위성을 엄격하게 구분할 거야. 달이라고 하면 지구의 달만을 가리키는 것이고, 위성이라고 하면 지구의 달을 포함한 여러 행성 곁을 도는 천체를 모두 의미한다고 보면 돼.

부담스럽게 큰 지구의 위성

달은 태양계의 다른 위성들과 비교해 어떤 점이 유독 이상할까? 먼저, 달은 지구의 위성 치고 크기가 커. 달 지름은 약 3,400km야. 지구의 지름이 약 1만 2,000km니까 달 지름은 지구의 4분의 1, 그러니까 반의 반쯤 되는 셈이지. 지구보다 달이 한참 작다고 느낄지 모르지만 오히려 정반대야. 다른 위성들은 중심에 두고 도는 행성보다 크기가 월등히 작아.

예를 들면 화성은 포보스와 데이모스라는 2개의 위성이 있는데 지름이 각각 22km, 12km밖에 안 돼. 화성의 지름은 지구의 절반쯤인 6,700km 정도야. 화성의 위성은 화성과 비교해 크기가 각각 300분의 1, 600분의 1밖에 안 되는 거지. 너무 작다 보니 화성의 위성은 모양이 둥글지 않아. 각지고 울퉁불퉁한 돌멩이처럼 생겼어.

지구보다 훨씬 큰 목성과 토성 주변에는 그만큼 덩치 큰 위성들이 있어. 목성 주변을 도는 80여 개의 위성 중 가장 큰 위성으로 가니메데, 칼리스토, 유로파, 이오가 있지. 특히 가니메데는 지름이 무려 5,300km나 돼! 달보다 더 큰 건 물론이고, 태양계에 존재하는 위성 중에서 가장 커. 하지만 중심 행성인 목성의 지름은 무려 14만km야. 가니메데가 엄청 크더라도 목성과 크기를 비교했을 때는 25분의 1밖에 안 되는 거지.

이처럼 위성이 있는 태양계 행성들 중에서 지구를 제외한 모든 행성은 자신의 크기보다 수십에서 수백 분의 1밖에 안 되는 상대적으로 아주 작은 위성들을 거느리고 있어. 유일하게 지구만이 자기 크기의 4분의 1이나 되는 그리 작지 않은 위성을 지닌 거야. 지구는 굉장히 부담스러운 동생을 옆에 둔 셈이지.

지구에서 꽤 멀리 있어

종이에 지구와 달을 그려 볼까? 보통은 지구를 크게 그리고 그 옆에 지구보다 살짝 작은 달을 바짝 붙여서 그릴 거야. 우리는 달이 지구와 가장 가까운 천체라는 사실을 알고 있잖아. 그래서 지구와 달 사이 거리도 가깝다고 착각하곤 해. 사실 지구와 달은 꽤 멀리 떨어져 있어. 거리가

38만km나 되지! 얼마나 먼 거냐고? 지구의 지름이 1만 2,000km라고 했잖아. 그러니까 지구와 달의 거리는 지구 지름의 30배가 넘어. 지구와 달 사이에 지구가 30개는 들어가고도 남는다는 뜻이지.

재미있는 건 지구와 달 사이에 지구를 제외한 태양계 모든 행성이 쏙 들어간다는 거야. 수성, 금성, 화성, 목성, 토성, 천왕성, 해왕성을 일렬로 끼워 넣으면 아슬아슬하게 딱 들어가. 지구에서 달까지 직진으로 날아간다는 건, 다시 말해 태양계에 있는 모든 행성의 지름을 합한 만큼의 거리를 날아간다는 걸 뜻해. 정말 놀라운 우연이지.

달은 지구에서 꽤 멀리 떨어져 있기 때문에 하늘에서도 꽤 작게 보여. 흔히 달이 하늘에 엄청 크게 떠 있다고 착각하곤 해. 사실은 전혀 그렇지 않지. 달의 실제 크기와 위치를 고려하면 하늘에서 보이는 달의 각지름은 0.5도 정도밖에 안 돼. 보름달이 밝게 뜬 날 하늘을 향해 팔을 쭉 뻗어 봐. 보름달은 쭉 뻗은 새끼손가락만으로 가릴 수 있는 크기야.

지구와 달 사이에 딱 들어가는 태양계 행성들 ©NASA

지구에선 달도 태양만 해

더 재미있는 건 지구의 하늘에서 보이는 달의 겉보기 크기가 태양의 겉보기 크기와 비슷하다는 점이야. 태양의 지름은 지구의 100배쯤 돼. 달은 지구의 4분의 1 크기라고 했지? 그러니까 태양의 지름은 달 지름의 400배쯤 된다고 볼 수 있어.

그런데 지구에서 태양까지 거리는 1억 5,000만km쯤이야. 지구에서 달까지 거리가 38만km라고 한 거 기억나지? 지구와 태양 사이 거리는 지구와 달 사이 거리의 400배쯤 되는 거야. 달보다 400배 더 큰 태양이 지구에서 달보다 400배 더 먼 거리에 놓여 있다는 뜻이지. 그래서 지구의 하늘에서 달과 태양을 절묘하게도 비슷한 크기로 보여. 낮에 뜨는 태양과 밤에 뜨는 달 모두 팔을 쭉 뻗어 새끼손가락만으로 싹 가릴 수 있지.

이런 놀라운 우연 덕분에 우리는 가끔씩 멋진 우주 쇼를 볼 수 있어. 지구 주변을 돌던 달이 우연히 낮 하늘에 떠 있는 태양 앞을 가리고 지나갈 때가 있지. 달이 지구와 태양 사이를 정확히 지나가면서 태양이 달 뒤로 숨어 버려. 바로 **일식**이야. 태양과 달의 겉보기 크기가 비슷하기 때문에 달 뒤에 태양이 아슬아슬하게 가려지면서 어두운 달 가장자리에 희미한 태양 빛이 조금씩 새어 나오며 일렁이는 광경을 볼 수 있지. 만약 달이 지구와 훨씬 가깝거나 멀었다면 지금처럼 달 원반이 태양 원반에 딱 들어맞는 일식 현상은 즐길 수 없었을 거야.

화성도 위성이 있으니 지구에서와 마찬가지로 가끔씩 태양 앞을 화성의 위성이 가리고 지나가는 일식이 일어나. 하지만 화성의 위성은 너무 작아서 태양 원반을 다가리지는 못해. 화성에 살고 있는 탐사 로봇들이 촬영한 화성에서의 일식 광경을 보면 둥근 태양 앞을 감자같이 생긴 작은 위성 하나가 지나가는 모습을 확인할 수 있어.

먼 옛날부터 인류는 낮과 밤의 하늘에서 태양과 달에 특별한 의미를 부여했어. 태양과 달을 두려워하고 숭배했지. 그 모든 역사는 두 천체가 하늘에서 마침 비슷한 크기로 보이게 된 우연에서 비롯된 셈이지. 우연으로 보기 어려울 정도로 절묘한 이 완벽한 달이 어떻게 탄생했는지는 2장에서 더 자세히 알려 줄게.

커졌다 작아졌다 한다고?

가끔 하늘에 뜬 달이 평소보다 더 커 보일 때가 있지 않아? 실제로 지구의 하늘에서 보는 달의 겉보기 크기는 항상 똑같지 않아. 어떨 때는 좀 더 작아 보이고, 어떨 때는 훨씬 크고 밝아 보이지. 그 이유는 지구에서 달까지의 거리가 항상 일정하지 않기 때문이야. 우리는 지구 주변을 도는 달의 궤도를 원 모양으로 그리곤 해. 하지만 사실 달 궤도는 살짝 찌그러진 타원 모양이야.

달이 타원 궤도를 돌기 때문에 지구와의 거리가 가까워지기도 하고 멀어지기도 하는 거지. 타원 궤도에서 달이 지구에 가장 가까이 접근하는 지점을 **근지점**이라고 해. 이때 지구에서 달까지 거리는 36만km쯤 되지. 반대로 타원 궤도에서 달이 지구에서 가장 멀리 떨어지는 지점은 **원지점**이라고 해. 이때 지구에서 달까지 거리는 40만km쯤 돼. 지구에서 달까지 가장 가까울 때와 멀 때 거리의 차이는 무려 4만km나 되는 거야. 지구가 3~4개는 들어갈 만큼의 꽤 큰 차이지.

원지점에 있을 때 달은 지구의 하늘에서 평소보다 더 작아 보여. 이때 우리가 보게 되는 작은 보름달을 '미니문'이라고 불러. 이 시기에 일식이 일어나면 달이 태양을 조금 덜 가리게 돼. 미처 가려지지 못한 태양 빛이 밝게 새어 나오지. 그 모습은 마치 하늘에 빛의 반지가 떠 있는 것처럼 보여. 그래서 빛나는 고리 모양의 일식이라는 뜻에서 **금환일식**이라고 불러.

반대로 달이 근지점에 놓이는 시기에 뜨는 보름달을 '슈퍼문'이라고 하지. 가끔 뉴스에서 슈퍼문이 뜬다는 소식을 들을 때가 있을 거야. 슈퍼문이 뜬다는 건 달이 타원 궤도에서 지구에 가장 가까이 놓이는 지점을 지난다는 걸 뜻해. 다시 말해 우리가 평소보다 더 큰 보름달을 보게 될 거란 말이지. 미니문과 슈퍼문을 비교해 보면 슈퍼문의 겉보기 크기가 미니문보다 12% 더 커. 이 정도면 맨눈으로도 차이를 느낄 수 있어. 왠지 달이 평소보다 커 보이는 것 같다면 그건 착각이 아니라 실제로 달이 너에게 가까이 다가왔기 때문일 거야.

달이 유독 더 커 보일 때가 또 있지. 바로 달이 지평선 가까이 있을 때야. 하늘 높이 있을 때보다 산이나 건물

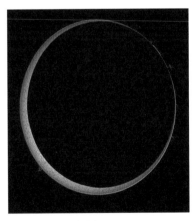

금환일식 ©NASA

에 걸쳐서 낮게 떠 있을 때면 달이 더 크게 느껴질 거야. 먼 옛날 사람들도 우리와 똑같이 생각했어. 재미있는 건 아직까지도 왜 이런 착시가 생기는지 완벽하게 설명하지 못한다는 거야!

달토끼와 크레이터

달 표면 사진을 본 적 있어? 잘 보면 달에서 색이 더 밝은 영역은 표면이 비교적 울퉁불퉁한 반면 색이 더 짙은 영역은 훨씬 매끄러워. 과거에 사람들은 달에도 지구처럼 육지와 바다가 있을 거라고 생각했어. 밝고 울퉁불퉁한 지역이 달의 육지, 색이 어둡고 평평한 지역이 달의 바다일 거라고 추측했지. 물론 달에는 물도 바다도 없어. 하지만 아직까지도 달의 거뭇한 영역은 바다라고 불러. 메마른 바다인 셈이지. 달의 바다가 주변의 울퉁불퉁한 지역에 비해 훨씬 매끈하고 거뭇한 암석으로 이루어진 이유는 한때 정말 바다였기 때문이야. 물이 채워진 바다는 아니었어. 달 내부에서 뿜어져 나온 뜨거운 마그마로 채워져 있었지.

과거에 달은 수많은 운석의 융단폭격을 맞았어. 격렬한 충돌이 쉬지 않고 벌어지면서 달 표면 곳곳에 **크레이터**라고 하는 둥근 모양의 거대한 구덩이가 생긴 거야. 달 내부의 마그마가 터져 나올 만큼 엄청난 충돌도 있었어. 그 때문에 한동안 화산 폭발도 잦았지. 이때 마그마가 달 표면의 울퉁불퉁한 곳들을 덮었고, 마그마가 빠르게 식고 굳으면서 지금처럼 매끈하고 짙은 색깔의 달의 바다가 된 거야.

달에 펼쳐진 거대한 바다의 모습은 오래전부터 사람들의 상상력을 자극했어. 대표적으로 동아시아에서는 달을 보며 방아 찧는 토끼의 옆모습을 떠올렸지. 2013년 달에 착륙했던 중국의 달 탐사 로봇의 이름은 위투야. 위투는 전설 속 달에 사는 옥토끼玉兔를 뜻하는 이름이지.

앞뒤가 달라도 너무 달라

달의 바다라고 불리는 거뭇한 영역은 달의 약 16%를 차지해. 참고로 지구는 70%가 바다야. 그런데 뭔가 이상하지 않아? 달의 바다가 표면의 고작 16%라기에는 우리가 하늘에서 보는 달에는 꽤 넓은 바다가 펼쳐져 있잖아. 놀랍게도 달의 바다는 주로 지구를 향해 있는 앞면에 있어. 항상 지구를 등지고 있어서 지구에서는 보이지 않는 달의 뒷면에는 바다가 거의 존재하지 않아. 달의 앞면과 뒷면은 달라도 너무 달라!

하늘에 뜬 달을 보고 있으면 달이 늘 같은 면만 보여 준다는 걸 깨닫게 돼. 태양 빛이 비추는 각도가 주기적으로 변하면서 달의 모양은 초승달에서 반달, 보름달로 달라지지만, 달의 방향은 항상 똑같아. 우리는 언제든 달에서 방아 찧는 토끼의 모습을 볼 수 있지. 그래서 항상 지구를 향하고 있는 쪽을 '달의 앞면'이라고 불러. 그리고 지구에서는 무슨 수를 써도 볼 수 없는 반대쪽을 '달의 뒷면'이라고 부르지. 실제 우주에서는 앞뒤를 정의할 수 없어. 지극히 지구인의 관점에서 지구를 향하면 앞면, 지구를 등지면 뒷면이라고 부를 뿐이야.

지구에서 달의 같은 면밖에 볼 수 없는 건 달이 아주 독특한 방식으로 지구를 돌고 있기 때문이야. 달은 약 한 달을 주기로 지구 주위를 공전하거든. **공전**은 한 천체가 다른 천체의 둘레를 일정한 주기로 도는 걸 말해. 그러면서 달도 천체가 자신의 중심축을 중심으로 회전하는 **자전**을 하지.

　달의 자전 주기는 달의 공전 주기와 비슷한 한 달쯤이야. 그래서 달이 지구 주변을 공전하는 동안 지구를 바라보는 달도 같은 주기로 계속 도는 거지. 만약 달이 자전하지 않고 공전만 했다면, 달이 지구 주변을 공전하는 동안 우린 지구에서 다양한 방향의 달 표면을 볼 수 있었을 거야. 그런데 달이 공전하면서 똑같은 주기로 방향을 틀기 때문에, 지구에서는 계속 달의 같은 면이 지구를 향하는 것처럼 보이는 거지. 이러한 방식을 공전 주기와 자전 주기가 같다고 해서 **동주기 자전**이라고 해. 사실 동주기 자전은 지구와 달에서만 벌어지는 특별한 현상이 아니야. 태양계 대부분의 행성과 그 주변 위성들 사이에서 흔히 볼 수 있어.

　그렇다면 달의 뒷면은 어떻게 생겼을까? 미국 항공우주국NASA의 달 탐사선이 궤도를 돌며 완성한 달 지도에서 달 뒷면을 보면 낯설게 느껴져. 평탄하고 거뭇한 바다로 덮인 달 앞면과 달리, 뒷면에서는 바다를 찾아보기 어렵거든. 또한 달 뒷면의 암석은 대부분 밝은 색이고, 달 앞면에 비해 훨씬 많은 크레이터로 땅이 울퉁불퉁하게 얼룩져 보여. 달은 지구에게 검고 부드러운 얼굴을 보여 주고 있지만, 그 뒤에 밝은 색 여드름이 가득한 등을 숨기고 있는 거지.

그래서일까? 달 앞면과 너무나 다른 달 뒷면은 SF적 상상력을 자극했어. 어떤 사람들은 고대 외계인들이 인류를 감시하기 위해 달 뒷면에 무기를 숨겨 뒀다고 말해. 또 어떤 사람들은 도망간 나치 전범들이 달 뒷면에 기지를 짓고 아직까지 살아가고 있다고 상상하지. 심지어 NASA가 달 뒷면 사진을 비밀에 부친 채 공개하지 않고 있다고 주장하기도 하는데, 물론 사실이 아니야.

우리가 보는 달은 절반 그 이상?

우리가 보는 달은 딱 절반일까? 달이 늘 지구 쪽으로 같은 면을 향하고 있다고 하니, 달 표면도 절반만 보일 거라고 생각하기 쉬워. 하지만 알고 보면 우린 달의 절반 이상을 보고 있어. 달 표면의 약 59%까지 볼 수 있지!

그 이유는 지구를 바라보는 달의 방향이 조금씩 변하기 때문이야. 달은 지구 주위를 돌 때 약간 찌그러진 타원 궤도를 그린다고 했잖아. 그래서 달의 공전 속도도 조금씩 느려졌다가 빨라지기를 반복해. 지구에 가장 가까워지는 근지점을 지날 때 속도가 가장 빨라. 속도가 가장 느려지는 건 지구에서 가장 멀리 떨어진 원지점을 지날 때야. 반면 달의 자전 주기는 거의 일정하게 유지돼. 그러니까 달이 아주 정확하게 동주기 자전을 하는 건 아니지.

어떨 때는 달의 자전 속도가 지구를 도는 공전 속도보다 좀 더 빠를 때도 있고, 좀 더 느릴 때도 있어. 달의 자전 속도가 달의 공전 속도를 미세하게 앞지르는 구간에 이르면 지구에서는 달이 약간 옆으로 회전한 것처럼 보여. 달의 자전 속도가 공전 속도보다 뒤처질 때도 마찬가지야. 그 결과 우리는 달의 고개가 양옆으로 돌아가는 듯한 모습을 보게 돼.

게다가 지구를 도는 달의 공전 궤도는 태양을 도는

지구의 공전 궤도에서 5도 정도 기울어져 있어. 만약 달이 지구의 공전 궤도면보다 아래쪽을 지나간다면 지구에서는 상대적으로 달을 위에서 내려다보는 꼴이 돼. 그러면 달의 정수리에 해당하는 북극을 좀 더 보게 되지. 반대로 달이 지구의 공전 궤도면보다 위쪽을 지나간다면 지구에서 봤을 때 상대적으로 달보다 아래에서 달을 올려다보는 상황이 되는 거야. 그러면 지구에서는 달의 턱에 해당하는 남극을 좀 더 보게 되지. 그래서 달을 위아래로 조금 더 넓게 보게 되는 현상이 나타나는 거야.

이처럼 살짝 찌그러지고 기울어진 달의 궤도로 인해 지구에서 달 표면을 절반보다 위아래 양옆으로 더 많은 부분을 보게 되는 현상을 **달의 칭동**이라고 불러. 한 달 내내 하늘에 뜬 달 사진을 찍은 다음 이어 붙여 비교하면 흥미로운 사실을 발견할 거야. 먼저 달의 모습이 바뀐다는 걸 알 수 있지. 달은 한 달 사이 태양 빛을 받는 방향이 계속 변하기 때문에 초승달에서 반달, 보름달로 모양이 변해. 그리고 타원 궤도를 따라 돌면서 지구의 하늘에서 보이는 달의 겉보기 크기도 규칙적으로 커졌다가 작아졌다가 하지.

또한 칭동 현상으로 달의 앞면이 조금씩 뒤뚱거리는 듯한 모습을 볼 수 있어. 때에 따라 달이 살짝 오른쪽을 향하기도 하고, 왼쪽을 향하기도 하지. 또 어떨 때는 달이 살짝 위로 돌아가기도 하고, 아래로 돌아가기도 해. 그래서 실제로 지구에서 보는 달 앞면은 달 전체 면적의 절반이 넘는 59%가 되는 거야. 그중 41%는 언제든 볼 수 있고, 달 앞면에서도 가장자리에 있는 18%는 시기에 따라 보였다가 안 보였다가를 반복하지. 달 표면의 59%를 제외한 나머지 41%는 달의 칭동이 아무리 벌어져도 지구에서는 절대 볼 수 없는 진정한 달의 뒷면이야.

최초의 달 관측

1609년 갈릴레이 갈릴레오는 역사상 최초로 망원경으로 하늘을 관찰했어. 그래서 흔히 망원경을 처음 발명한 사람도 갈릴레오라고 생각하는데 사실이 아니야. 망원경은 갈릴레오 이전부터 쓰였어. 다만 당시 망원경은 하늘을 보는 도구가 아니라, 전쟁터에서 적을 살피거나 바다에서 육지를 찾을 때 쓰는 지극히 실용적인 도구였지. 갈릴레오의 업적은 땅을 보는 데만 사용하던 망원경을 처음으로 하늘을 향해 들어올려 천체 관측을 시작했다는 거야.

갈릴레오는 망원경으로 가장 먼저 달을 본 사람이기도 해. 그런데 막상 본 달의 모습은 너무나 낯설었지. 그 시대 사람들은 하늘에 있는 모든 천체가 조물주가 빚은 완벽한 세계라고 믿었거든. 지상계는 불완전하기 때문에 울퉁불퉁한 산맥과 골짜기로 덮여 있지만, 달과 태양, 행성은 천상의 피조물로서 완전한 존재로 바라봤지. 그래서 천체들은 가장 완벽한 도형인 원을 그리며 움직인다고 생각했어. 표면도 둥글고 매끈한 구슬 모양일 거라고 생각했지.

갈릴레오가 망원경을 통해 본 달의 모습은 전혀 그렇지 않았어. 달 곳곳에 산맥과 크레이터, 거뭇한 얼룩 들이 있었거든. 달의 표면은 불완전한 지상계와 별반 다르지 않아 보였지. 바로 여기서 갈릴레오는 당시 수천 년 동안 이어져 온 지구를 중심으로 천체들이 돌고 있다는 믿음에 의심을 품기 시작한 거야.

갈릴레오의 흑역사

갈릴레오가 달에 관해 착각한 것도 있었지. 당시 사람들은 밤하늘에 달이 얼마나 높이 떠 있는지에 따라 해안가에 바닷물이 밀려오고 빠져나가는 밀물과 썰물이 일어난다는 사실을 알고 있었어. 이를 근거로, 천문학자 요하네스 케플러는 달이 지구의 바닷물을 잡아당기고 있어서 달의 주기에 맞춰 밀물과 썰물 현상이 생긴다고 추측했지. 하지만 이때는 뉴턴이 중력이라는 힘의 존재를 깨닫기 한참 전이었거든. 멀리 떨어져 있는 달이 어떻게 지구의 바닷물을 잡아당길 수 있는지는 명확히 설명할 수 없었어.

대신 갈릴레오는 아주 재미있는 생각을 떠올렸어. 밀물과 썰물을 지구가 빠르게 돌고 있음을 보여 주는 증거로 본 거야. 갈릴레오는 지구를 거대한 물바가지라고 생각했어. 지구의 바닷물은 지구라는 바가지에 담긴 물이라고 여겼지. 바가지에 물을 채워 빠르게 돌린다고 상상해 봐. 그 안에 담긴 물은 출렁거릴 거야. 이때 바가지 가장자리를 보면 물이 높이 올라왔다가 내려가겠지. 갈릴레오는 지구의 해안가가 바로 물바가지의 가장자리와 같다고 생각했어. 지구가 빠르게 돌면서 담고 있는 물이 출렁거린 결과, 밀물과 썰물 현상이 일어난다고 본 거지.

물론 지구가 돌고 있다는 생각을 빼고는 전부 잘못된 주장이야. 결과적으로 지구는 우주의 중심이 아니며 태양 주변을 빠르게 도는 행성이라는 답을 찾았으니 다행이긴 해. 하지만 한편으론 갈릴레오의 흑역사로 볼 수 있겠지?

지구조와 터미네이터

갈릴레오는 오랜 시간 달을 관측하면서 신기한 현상도 발견했어. 태양 빛이 달을 한가득 비추면 우린 하늘에서 둥근 보름달을 보게 돼. 태양 빛이 달을 약간 비스듬하게 비출 때면 지구에서는 달의 일부분만 밝게 보이는 손톱 모양의 초승달을 보게 되지.

하늘에서 초승달을 보던 갈릴레오는 달의 어두운 부분에서도 어렴풋하게 원반 모양이 보인다는 걸 발견했어. 갈릴레오는 이것이 어쩌면 지구의 바다에 반사된 태양 빛이 달을 비추면서 태양 빛을 받지 못한 어두운 부분도 희미하게나마 보이는 거라고 생각했지. 이 현상은 지구 표면에 반사된 빛의 조명을 받고 있다는 뜻에서 '지구조'라고 불러.

갈릴레오는 이처럼 달에 태양 빛이 드리운 밝은 영역과 태양 빛이 닿지 않아 어두운 영역이 뚜렷하게 경계진 모습을 좋아했어. 이러한 경계선을 천문학에서는 **터미네이터**라고 해. 동명의 영화에 나오는 미래에서 온 로봇 터미네이터와는 물론 상관없어. 태양 빛이 비추지 않아 사라지는 경계라는 뜻에서 '명암 경계선'이라고도 불러.

갈릴레오가 달의 터미네이터를 특히 좋아한 이유는 뭘까? 달에 태양 빛이 비스듬하게 비춰질 때 크레이터나 산맥의 그림자가 달 표면에 더욱 뚜렷하게 드리워지기 때문이야. 그럼 달의 지형을 더 쉽게 파악할 수 있거든. 반대로 달에 태양 빛이 가득 비춰지면서 밝고 둥근 보름달이 되면, 그림자가 잘 지지 않아서 울퉁불퉁한 표면과 지형을 파악하기 어렵지.

당시 갈릴레오는 달 곳곳에 드리워진 그림자의 길이

지구조 ©NASA

를 통해 달에 있는 산맥과 봉우리, 크레이터의 높이와 깊
이를 알아보려고도 했어. 갈릴레오가 직접 그린 달 그림
들을 보면 보름달은 거의 찾아볼 수 없기도 해.

갈릴레오가 그린 달 그림

바쁘다 바빠

요점만 싹둑! 공부 절취선

✂

별

스스로 타오르며 밝게 빛나는 거대한 가스 덩어리

행성

별 주변을 맴도는 크고 작은 천체

위성

행성의 중력에 붙잡혀 그 주변을 도는 천체

달

지구를 중심으로 공전하는 위성

일식

달이 지구와 태양 사이를 지날 때 태양이 달 뒤로 숨으면서
일어나는 현상

근지점

달이 공전 궤도에서 지구에 가장 가까이 접근하는 지점

원지점

달이 공전 궤도에서 지구와 가장 멀리 떨어지는 지점

금환일식

달이 미니문 상태로 태양을 가릴 때 미처 가려지지 못한 태양의

둘레가 빛나는 고리 모양으로 보이는 현상

크레이터

운석 충돌 등으로 생긴 둥근 모양의 거대한 구덩이

공전

한 천체가 다른 천체의 둘레를 일정한 주기로 도는 것

자전

천체가 자신의 중심축을 중심으로 회전하는 것

동주기 자전

공전 주기와 자전 주기가 같은 것

달의 칭동

살짝 찌그러지고 기울어진 달의 궤도로 인해 지구에서 달 표면을
절반보다 위아래 양옆으로 더 많은 부분을 보게 되는 현상

터미네이터

달에 태양 빛이 드리운 밝은 영역과 태양 빛이 닿지 않아 어두운
영역 사이의 경계선

2장

달 탄생의
비밀을
풀어라!

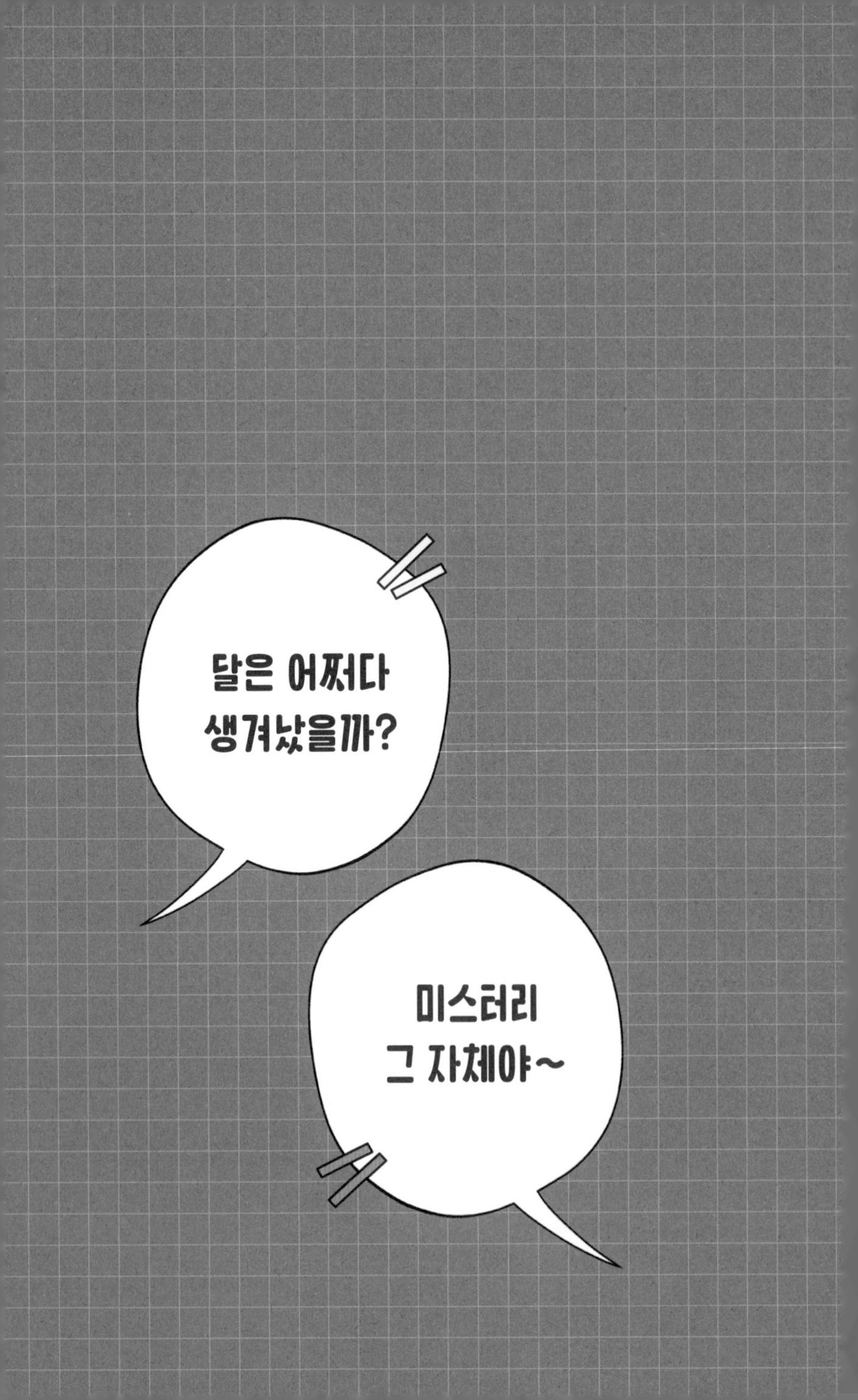
달은 어쩌다 생겨났을까?
미스터리 그 자체야~

달의 기원을 찾아서

지구는 어쩌다 거대한 달을 곁에 두게 된 걸까? 오래전부터 달의 기원을 설명하기 위해 다양한 가설이 제시되었어. 갓 태어난 지구가 말랑말랑한 마그마 반죽 덩어리이던 시절, 빠르게 자전하다가 반죽의 일부가 떨어져 나갔고 그것이 식으면서 지금의 달이 되었다는 설이 있었지. 그때 지구에서 반죽이 떨어져 나간 자리가 크고 둥글게 파였고, 그곳에 물이 채워지면서 태평양이 되었다는 주장도 있었어. 이 가설은 지구의 대륙이 쭉 같은 모습이 아니라, 대륙이 계속 이동하면서 변해 왔다는 게 밝혀지면서 사라졌어.

또 다른 가설로는, 덩치 큰 목성이 주변을 지나가던 소행성을 붙잡아 곁에 두는 것처럼 지구도 우연히 주변을 지나가던 달을 끌어당겨 지금의 궤도에 두었을 거란 이야기도 있었어. 하지만 이 역시 달이 너무 크고 무거워서 단순히 지구 근처를 지나다가 잡혔다고 보기는 어려웠지.

이후 한참 동안 달 탄생은 미스터리였어. 그러다

1969년 처음으로 인류가 달에 발자국을 남겼고, 달 표면에 있는 돌인 월석을 가져오면서 중요한 발견을 했지. 인류가 최초로 달에 착륙한 아폴로 11호 미션을 시작으로 1970년대에는 여러 차례에 걸쳐 380kg에 달하는 월석을 지구로 운반해 왔어. 대부분이 45억 년 전에 만들어진 거였지. 태양계가 생겨나고 겨우 1억 5,000만 년 정도가 지났을 때로, 달이 아주 먼 옛날에 탄생했음을 의미했어.

 게다가 월석의 화학 성분을 분석해 보니 지구의 땅속 깊숙한 곳에 있는 오래된 암석과 굉장히 비슷했어. 이는 지구와 달이 따로 만들어졌다가 나중에 만난 것이 아니라, 먼 과거에 지구 내부의 성분과 달 표면의 성분이 뒤섞일 만큼 격렬한 사건이 벌어졌다는 것을 암시했지. 아폴로 11호 미션에서 가져온 월석을 분석한 천문학자들은 지금으로부터 약 45억 년 전 지구의 절반, 그러니까 지금의 화성 정도 되는 크기의 고대 행성이 지구를 향해 날아와 충돌했을 거라고 추정했어.

 46억 5,000만 년 전 태양계가 갓 완성되었을 때는 태양에서 지구와 비슷한 거리에 떨어져서 지구와 비슷한 궤도를 돌던 작은 행성이 하나 더 있었어. 그런데 이 행성

테이아 대충돌 상상도 ⓒNASA

이 원래 궤도를 조금씩 벗어나더니 결국 지구와 충돌하고 만 거야. 천문학자들은 먼 옛날 지구와 부딪친 이 고대 행성을 달 여신의 어머니인 **테이아**라고 이름 붙였어.

어린 지구와 테이아 행성이 충돌하면서 수많은 파편이 지구 주변으로 퍼져 나갔어. 지구 내부에 있던 성분도 함께 뿜어졌지. 이후 우주 공간에 흩어져 있던 파편들이 다시 지구 쪽으로 모여들었고 그대로 지구를 중심으로 돌게 되었어. 바로 지금의 달이 완성된 거지. 쉽게 말해 달은 대충돌로 만들어졌어. 아니, 대충 돌로 만들어졌다고 할까?

달 탄생은 3시간 컷?

테이아 대충돌로 퍼져 나간 파편들이 달로 반죽되기까지 얼마나 긴 시간이 걸렸을까? 달처럼 큰 천체가 만들어지려면 수천만 년에서 수억 년에 달하는 천문학적인 시간이 걸릴 거라고 생각할 수 있지만, 최근 천문학자들은 놀랍게도 달이 불과 3시간 만에 생겨났을 가능성이 있다고 발표했어.

현재 천문학자들 대부분은 달의 기원을 설명하는 테이아 대충돌 가설에 동의해. 하지만 세부 내용에는 여러 이견이 있지. 예로부터 달은 단 한 번의 큰 충돌로 탄생했다고 봤지만, 최근에는 두세 번의 큰 충돌이 연이어 벌어졌을 거란 가설도 있어. 충돌 이후 퍼져 나간 파편들이 곧바로 달이 되었다는 가설도 있고, 파편들이 수억 년 동안 지구 주변을 맴돌며 고리를 이루다가 서서히 달이 되었다는 가설도 있지. 이 밖에도 애초에 지금처럼 하나의 달만 존재했을 거란 가설부터, 원래는 더 작은 달 2~3개가 함께 있었는데 합쳐져 지금의 달로 성장했을 거란 가설까지 정말 다양해!

아쉽게도 타임머신을 타고 45억 년 전으로 돌아가서 달이 생겨나는 순간을 확인하는 건 불가능하지. 달의 탄생 과정을 알아낼 단서는 대부분 지구와 달 속으로 깊숙이 숨어 버리기도 했고 말이야. 그래서 천문학자들은 슈퍼컴퓨터 시뮬레이션을 통해 달과 지구의 탄생 과정을 간접적으로 재현해 볼 뿐이지.

20~30년 전까지만 해도 시뮬레이션 기술은 많이 부족했어. 시뮬레이션의 성능은 얼마나 작고 많은 입자까지 구현할 수 있느냐로 판단하거든. 과거에는 시뮬레이션에 사용하는 입자 수가 너무 적어서 해상도가 많이 떨어졌어. 하지만 이제는 컴퓨터 기술이 크게 발전한 덕분에 슈퍼컴퓨터로 입자 수가 더욱 많은 초고해상도 시뮬레이션을 돌릴 수 있지.

무슨 말인지 잘 모르겠다고? 다들 잘 알만한 〈마인크래프트〉 게임으로 설명해 볼게. 커다란 기본 블록만 써서 만든 건물은 투박해 보이잖아. 반면 그보다 작은 블록을 쓸 수 있는 치즐 모드로 만들면 훨씬 실감나는 건물이 되지. 물론 블록이 작은 만큼 더 많은 블록이 필요하고, 시간도 더 오래 걸려. 슈퍼컴퓨터 시뮬레이션도 똑같아.

입자 수를 늘리면 그만큼 계산량이 늘어나지만 더욱 현실에 가까운 모습으로 달의 탄생 과정을 재현할 수 있어.

최근 NASA의 천문학자들은 시뮬레이션의 입자 수를 10만 개에서 1억 개까지 늘려 가며 시뮬레이션 결과를 비교했어. 그러자 저해상도에서는 볼 수 없었던 놀라운 차이를 발견했지.

과거처럼 적은 입자 수로 시뮬레이션을 돌리면 대충돌 이후 수많은 조각과 덩치 큰 덩어리 1개가 만들어져. 덩치 큰 덩어리는 곧바로 지구 중력에 이끌려서 또 한 번 지구와 충돌해. 한참 동안 지구 곁에는 이렇다 할 큰 덩어리 없이 작은 파편들만 떠돌아. 수십만 년이 더 지나서야 지구 주변에서 고리를 이루며 머물던 입자들이 천천히 반죽되면서 달이 되지.

초고해상도 시뮬레이션에서는 큰 차이가 있어. 지구에 다가오던 테이아 행성은 충돌 직전, 지구 중력의 영향으로 럭비공 모양으로 길쭉하게 찌그러져. 그러다 지구와 충돌하면서 작은 파편들이 퍼져 나가지. 바로 이때 저해상도 시뮬레이션과 다르게 지구 곁에 큰 덩어리 1개가 아닌 2개가 만들어져. 그중 크기가 조금 더 큰 덩어리는 지구와 살짝 더 가까운 곳에서 만들어지지. 이 덩어리는 다시 지구 중력에 붙잡혀서 또 한 번 지구와 충돌해. 큰 덩어리가 지구 쪽으로 끌려가는 동안 더 바깥에 있던 작은 덩어리는 지구에서 멀리 벗어나. 이후로도 지구와 부딪치지 않지.

시간이 흐르고 살아남은 작은 덩어리는 주변의 파편들을 끌어당겨 오늘날의 달로 꾸준히 성장해. 더욱 놀라운 건, 지구와 테이아가 처음 충돌하고 지구에서 작은 덩어리가 떨어져 나오기까지 겨우 3.6시간밖에 안 걸렸다는 결과가 시뮬레이션에서 나왔다는 거야! 여기서 3.6시간은 시뮬레이션을 빨리 감기 해서 나온 것이 아닌 실제 우주 시간으로 환산해 나온 시간이야. 대충돌이 있고 5시간이 지나면, 처음에는 굉장히 찌그러진 타원 궤도를 그리던 달이 지금처럼 덜 찌그러지고 둥근 타원 궤도를 그리게 돼. 그리고 9시간이 지나면 달 궤도는 거의 완벽하게 안정화되지. 최근에 실행한 가장 완벽한 달 탄생 시뮬레이션에 따르면 달은 고작 3시간 컷으로 만들어졌을지도 몰라!

45억 년 전 지구에 벌어진 대충돌로 달이 생겨났다

고 하니, 문득 이런 의문이 생겨. 지구 말고 태양계의 다른 암석 행성들, 이를테면 수성이나 금성, 화성에서도 충분히 이 같은 일이 벌어질 수 있지 않았을까? 그런데 어째서 지구만 이런 거대한 달을 거느리고 있을까? 이유는 간단해. 수성과 화성은 지구보다 훨씬 작아. 만약 수성과 화성에 지구와 테이아 사이에서 벌어진 대충돌만큼 격렬한 충돌이 있었다면 두 행성 모두 온전히 살아남지 못했을 거야. 화성은 자기보다 훨씬 작은 감자, 고구마처럼 생긴 위성 2개가 있는데, 이 위성들은 우연히 화성 근처를 지나가다가 붙잡힌 것으로 추정하고 있어.

지구와 크기가 비슷한 금성은 어떨까? 금성 정도의 덩치라면 지구와 테이아 급의 충돌도 버텨 냈을 거야. 그랬다면 금성도 지구처럼 거대한 위성을 거느렸겠지. 하지만 금성은 지구보다 태양계 안쪽에 있어. 태양과 가까운 만큼 중력의 영향도 더 많이 받아. 그 때문에 충돌 이후 금성 주변으로 퍼져 나간 파편들은 금성의 중력에서 벗어나 태양의 중력에 붙잡혀 바깥으로 퍼져 나갔을 거야.

금성은 지구와는 정반대로 자전과 공전 방향이 180도 뒤집어져 있어. 많은 천문학자는 오래전 금성은 원래 멀쩡하게 돌았지만 거대한 충돌이 벌어지면서 자전축이 뒤집혔을 거라고 추측해. 이때 금성의 위성이 되었을지도 모를 조각들이 태양 쪽으로 끌려갔을 거야. 그래서 금성은 지금처럼 위성 하나 없는 쓸쓸한 행성이 되었겠지.

달의 조각을 품은 지구

달의 질량은 지구 질량의 약 1.2%야. 참고로 달의 지름은 지구와 비교해 4분의 1 정도지만 밀도는 60%밖에 안 돼. 그런데 시뮬레이션에 따르면, 지금과 같은 달을 만들려면 오래전 지구에 부딪친 테이아의 질량이 지구 질량의 최소 8%는 넘었어야 해. 게다가 테이아는 상당히 밀도가 높은 암석으로 이루어졌을 것으로 추정하고 있어. 테이아의 맨틀만 해도 지금의 달보다 6~7배는 더 무거웠어야 하지. 따라서 천문학자들은 대충돌 이후 달이 만들어지고 나서도 꽤 많은 테이아의 파편이 계속 우주 공간에 남았을 거라고 생각했어. 사라진 테이아의 조각들을 찾아

야만 달 탄생의 진실을 밝힐 수 있을 거야.

오랫동안 천문학자들은 태양계에 흩어져 있는 소행성들 사이에서 테이아의 흔적을 찾으려고 했어. 하지만 속 시원한 답은 얻을 수 없었지. 우주는 총알 자국과 화약 냄새만 남아 있을 뿐 확실한 증거인 탄환은 이미 사라진 사건 현장과 같았지. 그런데 예상치 못한 곳에서 흥미로운 가능성이 발견되고 있어. 달을 만든 테이아의 조각 일부가 지금껏 지구 내부에 고스란히 남아 있다는 거야!

지질학자들은 지진이 퍼져 나가는 방향들을 측정해 직접 잘라 볼 수 없는 지구 내부를 지도로 그려 낼 수 있어. 수박의 겉을 두드려 보는 것만으로 속이 잘 익었는지 알아내는 것과 같지. 이렇게 지진으로 땅이 흔들리면서 퍼져 나가는 진동인 **지진파**를 탐사해 지구 맨틀의 가장 아래층에서 이상한 영역을 발견한 거야.

지진파에는 액체는 통과하지 못하고 단단한 고체로만 전달될 수 있는 S파 지진파가 있어. **전단파**라고도 해. 그런데 맨틀 최하층에서 유독 다른 곳보다 S파가 아주 느리게 전파되는 영역을 찾았어. 지질학자들은 이 영역을 '거대 저속도 전단파 구역LLSVP'이라고 불러. 이 이상한 영역은 특히 아프리카 대륙에서 아이슬란드까지 이어지는 넓은 영역 아래, 그리고 태평양 지하의 맨틀 최하층에 수 킬로미터 높이로 드넓게 분포하고 있어. 최근까지 밝혀진 결과에 따르면 지구 맨틀의 약 8%에 달하는 꽤 큰 부피를 차지한다고 해.

이 수상한 덩어리의 정체는 뭘까? 처음 지질학자들은 고대 지구의 대륙 일부가 가라앉아 있는 거라고 생각했어. 하지만 왜 하필 특정한 대륙 지각만 맨틀 깊숙한 곳에 있는지는 설명할 수 없었지. 그러다가 거대한 덩어리에서 나온 것으로 추정되는 굳은 암석을 아이슬란드의 한 화산에서 발견했어.

암석을 분석해 보니 보통의 지구 맨틀보다 밀도가 2~3% 더 높은 물질로 이루어져 있었지. 나이는 달보다 더 많았어. 추정컨대 이 거대한 덩어리의 질량은 대략 지구 질량의 6%를 차지해. 달을 만들고 사라진 테이아의 질량에 딱 들어맞았지. 다시 말해 현재의 달 질량에 지구 맨틀 속에서 발견된 수상한 덩어리의 질량을 더하면 정확히 40억 년 전 지구에 충돌한 테이아의 전체 질량을 모두 채울 수 있어!

놀랍게도 지구는 자신과 달 탄생의 비밀에서 가장 중요한 증거를 품속에 숨기고 있었던 거야. 우리는 그것도 모르고 사라진 탄환을 찾기 위해 한참을 지구 속이 아닌 바깥의 우주 공간을 헤맸던 거지.

밀물과 썰물이 없었다면?

달은 정말 우연한 계기로 생겨났어. 만약 지구에 테이아가 부딪치지 않았다면 지금처럼 달이 지구 곁을 돌고 있지 않을 거야. 만약 달이 존재하지 않았다면 지구의 상황은 많이 달랐을까? 달이 없더라도 지구는 그대로 있을 테니, 지구의 역사가 지금과 별반 다르지 않게 흘러왔을 거라고 생각할지도 몰라. 하지만 달이 없었다면 지구에 생명체도 없었을 거야. 지금처럼 고도로 발전한 과학 기술도 현대 문명도 불가능했을걸?

달 덕분에 일어나는 중요한 자연 현상 중 하나로 밀물과 썰물이 있어. 1장에서도 설명했듯이 밀물 썰물은 지구의 바닷물이 달의 중력에 붙잡힌 채 달과 함께 움직이면서 생겨나. 달과 지구가 점이 아닌 부피가 있는 덩어리이기 때문에 벌어지는 일이지.

달의 앞면과 뒷면에서 느끼는 지구 중력이 다른 것처럼 지구에서도 달을 향한 쪽과 등진 쪽에서 느끼는 달의 중력은 차이가 있어. 단단한 지구의 암석에 비해 바닷물은 달의 중력에 더 민감하게 반응할 수 있거든. 그래서 지구는 마치 달을 향한 쪽과 등진 쪽, 양쪽으로 잡아당기는 것과 같은 영향을 받아. 그렇게 양쪽으로 쏠린 바닷물은 한 달 주기로 공전하는 달에 붙잡혀 움직이게 돼. 반면 지구의 땅덩어리는 달이 공전하는 속도보다 훨씬 빠르게 돌려고 해. 하루에 한 바퀴씩 공전하지. 그래서 매일 해안가에서는 달의 중력으로 인해 부풀어 오른 바닷물이 밀려들었다가 다시 멀어지는 것을 반복해. 그렇게 밀물과 썰물이 생기는 거지.

만약 달이 없었다면 이렇게나 빨리 바다 생명체가 육지로 올라오지 못했을 거야. 달과 갯벌이 지구 생명체의 진화를 앞당긴 셈이랄까. 따지고 보면 우리가 갯벌의 수산물을 맛있게 먹을 수 있는 것도 모두 달 덕분이지!

달이 있어야 계절도 변해

지구의 계절 변화가 뚜렷한 것도 달 덕분이야. 테이아 행성이 지구에 부딪치면서 지구의 자전축은 23도가량 크게 기울어졌어. 자전축이 비스듬해지면서 지구의 각 지역을 비추는 태양 빛의 양도 위도와 시기에 따라 달라졌지. 지구가 1년 동안 태양을 중심으로 크게 돌 때 태양 쪽으로 기울어진 방향에 따라 지역마다 봄 여름 가을 겨울의 계절을 겪게 된 거야.

거대한 달이 지구 곁을 돌면서 강한 중력으로 지구를 잘 붙잡아 주는 덕분에, 지구는 큰 충격을 받은 후에도 자전축이 심하게 요동치지 않았어. 지금처럼 계속 일정한 각도로 균형을 유지했지. 사실 지구의 자전축은 약 2만 6,000년을 주기로 느리게 방향이 바뀌고 있어. 이걸 **세차 운동**이라고 해. 미세하게 흔들리는 팽이처럼 조금씩 지구의 자전축 방향이 바뀌는 거지.

만약 육중한 달이 지구를 붙잡아 주지 못했다면 어땠을까? 큰 충돌을 겪은 후 지구는 더 빠르게 요동치면서 자빠지기 직전의 팽이처럼 심하게 세차 운동을 했을 거야. 그랬다면 계절 변화도 지금보다 격렬하고 불규칙했겠지. 안정적인 생태계도 존재하지 못했을 거야. 테이아의 대충돌은 한 끗 차이로 달을 만들어 내며 지구에게 절멸이 아닌 새로운 생명을 안겨 준 셈이지.

천문학의 실험 도구

물리학자 아이작 뉴턴의 사과 이야기를 한 번쯤 들어 봤을 거야. 뉴턴은 나무에서 떨어지는 사과를 보면서 이런 궁금증을 품지 않았을까? '작고 가벼운 사과도 땅으로 떨어지는데, 거대한 달은 어떻게 계속 하늘에 떠 있을까?' 뉴턴은 달도 사과처럼 지구의 중력에 붙잡혀 있지만, 지구 주변을 맴돌고 있어서 땅에 닿지 않을 뿐이란 사실을 발견했어. 또한 속도만 충분히 낼 수 있다면 무엇이든 영원히 땅에 닿지 않고 지구 주변을 돌게 할 수 있다는 사실을 알아냈지. 뉴턴이 달을 보면서 떠올렸던 생각 덕분에, 오늘날 정확히 똑같은 원리로 지구 주위에 인공위성을 띄우고 있어.

달은 천문학의 놀라운 이론을 증명하는 도구가 되기도 했어. 1910년 물리학자 테오도어 볼프는 에펠탑 꼭대기에 올라갔을 때 땅에서보다 더 강한 방사선이 검출된다는 사실을 발견했어. 당시 사람들은 높이 올라갈수록 방사선이 강해지는 원인이 태양이라고 생각했거든. 이를 검증하기 위해 1912년 오스트리아계 미국인 물리학자 빅토르 헤스는 직접 열기구를 타고 하늘 높이 올라가기도 했어. 무려 상공 5,000m까지 떠올랐지.

특히 헤스는 태양이 방사선의 원인인지 살펴보기 위해 아주 영리한 방법을 썼어. 태양이 달에 가려지는 개기일식이 벌어지는 날 하늘로 올라간 거야. 그는 태양이 가려지기 전까지는 하늘에서 계속 높은 수치의 방사선이 검출되다가, 달에 태양이 가려지는 순간 방사선 수치가 크게 떨어질 거라고 짐작했지. 하지만 놀랍게도 일식 내내 하늘에서는 비슷한 수준의 방사선이 나왔어. 이날의 비행으로 헤스는 하늘에서 쏟아지는 방사선이 태양과는 상관없이 우주 자체에서 쏟아지고 있다는 사실을 알아냈지. 최초로 우주 방사선의 존재를 밝혀낸 거야. 그 공로로 헤스는 노벨 물리학상을 받았어.

1919년에도 개기일식은 위대한 천문학 이론을 뒷받침하는 증거가 되었어. 앞서 1915년 물리학자 알버트 아인슈타인은 질량에 의해 주변의 시공간이 휘어질 수 있다는 **상대성 이론**을 주장했어. 하지만 시공간의 휘어짐은 너무 미미해서 당시의 검출 기술로는 그 수준을 파악하기 어려웠지. 적어도 질량이 태양 정도는 되어야 효과를 확인할 수 있었어. 아인슈타인의 가설이 맞다면, 태양은 육중한 질량으로 주변 시공간을 휘어 놓았을 것이고, 그 곁을 지나가는 먼 별의 빛도 함께 휘어져 들어와야 했지.

아인슈타인은 휘어진 시공간을 따라 별빛의 경로가 휘어지면서 하늘에서 보이는 별의 위치가 살짝 달라질 수 있다고 예측했어. 이러한 현상을 중력이 마치 빛을 휘게 하는 렌즈의 역할을 한다고 해서 **중력 렌즈**라고 불러.

하지만 하늘에 밝게 떠 있는 태양 바로 옆에 있는 별을 확인하는 건 불가능했어. 그때 영국의 천문학자 아서 에딩턴이 기발한 아이디어를 떠올렸지. 하늘에서 태양만 쏙 가려지는 개기일식을 활용하는 거였어. 마침 1919년 남아메리카와 아프리카에서 개기일식이 벌어졌어. 에딩턴은 원정대 두 팀을 각 대륙으로 보냈지. 그리고 개기일식 동안 하늘에서 가려지는 태양 바로 옆에 있는 별의 위치를 관측했어.

관측 결과, 놀랍게도 아인슈타인의 예측처럼 별이 보이는 위치가 살짝 달라져 있었지. 상대성 이론에 따른 중력 렌즈 효과를 관측으로 확인한 거야! 달이 있었기에 인류는 아인슈타인의 상대성 이론을 더욱 빨리 검증할 수 있었던 셈이지. 만약 달이 없었다면, 그래서 달이 태양을 가리는 개기일식이 없었다면, 로켓 하나 쏘지 못하던 20세기 초반에 지상 관측만으로 이처럼 대단한 검증을 해낼 수 있었을까?

달은 오랫동안 땅에 붙어 살아가던 인류에게 우주로 날아가고자 하는 열망도 품게 했어. 늑대인간이 보름달을 보며 흥분하는 것처럼, 인류도 달을 보면서 우주로 떠나고자 하는 꿈을 꾸었지. 달은 그나마 가까운, 한 번쯤 시도해 볼만한 거리에 떨어진 현실적인 목적지였어. 그리고 1696년 비로소 아폴로 11호가 달에 착륙하면서 그 꿈은 현실이 되었지.

최근 천문학자들은 지구처럼 덩치 큰 위성을 거느린 행성에서만 인간처럼 고도로 진화한 생명체가 존재할 수 있을 거라고 보기도 해. 그래서 이전까지는 별 주변을 도는 외계 행성의 환경에만 주목했다면, 이제는 외계 행성을 도는 위성의 존재까지도 외계 생명체와 문명의 존재 여부를 결정하는 중요한 변수로 여기지. 어쩌면 지구 문명이 지금처럼 발전할 수 있게 한 가장 큰 행운은 밤하늘을 비추는 거대한 달의 존재가 아닐까? 수십억 년 전 지구에 테이아가 충돌하지 않았다면, 그 충돌로 날아간 파편들이 지금의 달로 반죽되지 않았다면, 우리는 지금 이 자리에 있지 못했을 테니까 말이야.

✂

테이아

먼 옛날 지구와 부딪친 고대 행성

지진파

지진이 나며 땅이 흔들리면서 퍼져 나가는 진동의 움직임

전단파

단단한 고체로만 전달될 수 있는 S파 지진파

세차 운동

회전하는 물체의 회전축이 움직이지 않는 어떤 축의 둘레를 도는
현상

상대성 이론

질량에 의해 주변의 시공간이 휘어진다는 것을 밝힌 이론으로
1915년 아인슈타인 주장함

중력 렌즈

어떤 천체의 중력이 주변 시공간을 휘게 하면서 렌즈와 같은 역할을
하는 현상

3장

달나라 여행 말고
달 탐사

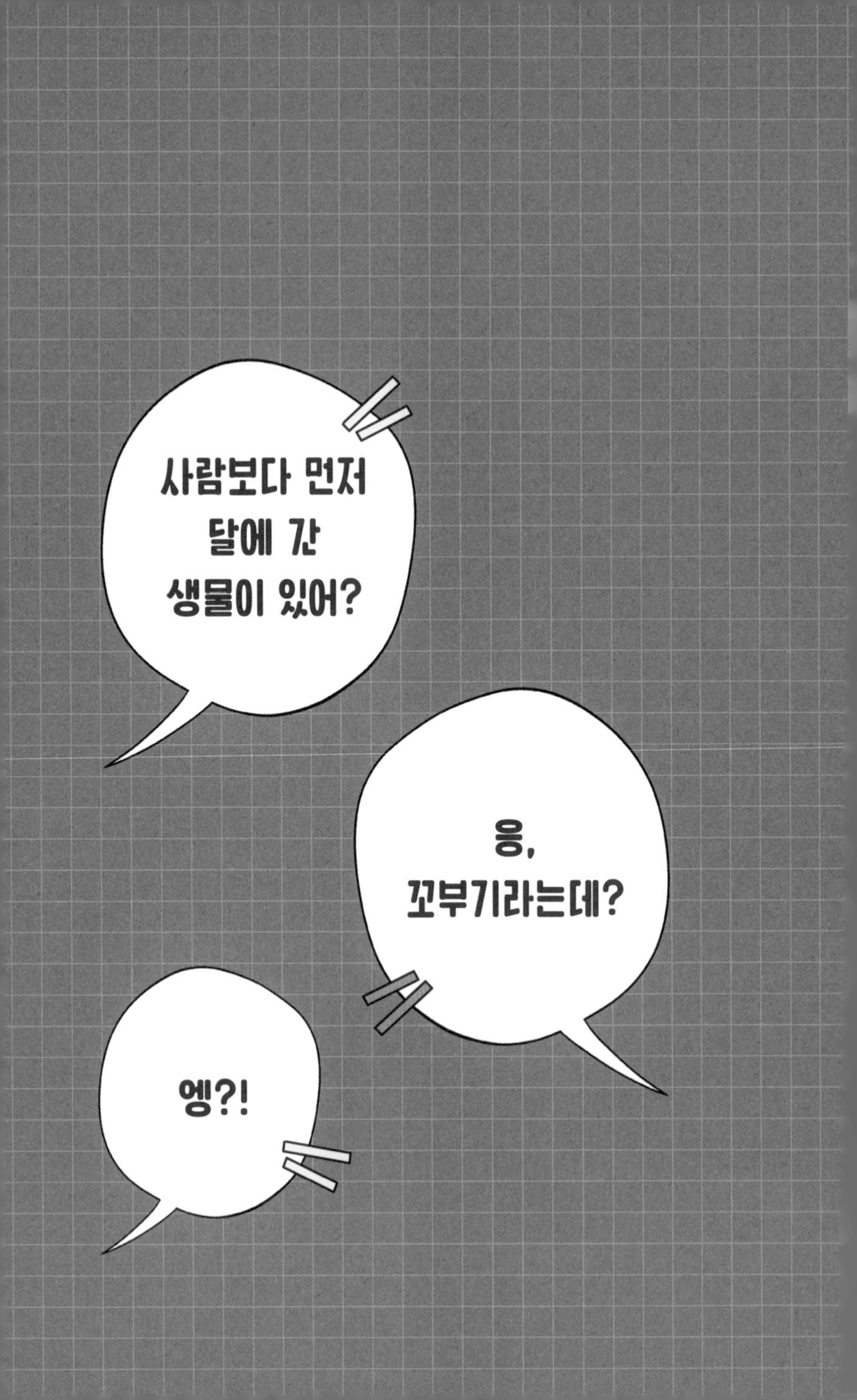
사람보다 먼저 달에 간 생물이 있어?
응, 꼬부기라는데?
엥?!

최초의 우주여행?

가장 먼저 우주에 간 사람은 누굴까? 16세기 중국 명나라에는 완후라는 관료가 살았어. 그는 밤하늘을 보면서 우주에 가겠다는 꿈을 품었지. 당시 중국은 화약 기술이 발달해 있었거든. 그래서 완후는 화약의 힘을 빌리면 하늘을 날 수 있겠다고 생각했어. 무모하게도 40개가 넘는 포탄을 연결한 의자에 자기 몸을 꽁꽁 묶었지. 하인들이 포탄에 불을 붙이는 순간 거대한 굉음과 함께 의자는 통째로 사라지고 말았어. 아마도 완후는 무사하지 못했겠지? 하지만 눈앞에서 그 모습을 본 당시 사람들은 정말로 완후가 우주로 날아갔다고 생각했대. 현재 많은 역사가는 완후는 실존 인물이 아니며, 그의 이야기 또한 만들어진 것으로 보고 있긴 해.

그런데 NASA는 전설처럼 전해지는 이 무모한 우주비행사를 기리고자 했어. 달에서 발견된 작은 크레이터에 특별히 완후의 이름을 붙였지. 어쩌면 의자를 타고 우주여행을 떠난 완후가 달에 충돌하면서 지금의 완후 크레이터가 만들어진 게 아닐까?

달에 핵폭탄을 터트릴 뻔한 미국

안타깝게도 순수한 꿈만으로는 우주여행을 실현할 수 없었어. 역사를 보면 우주여행을 가능하게 한 가장 큰 원동력은 사실 전쟁이었거든. 1939년에 시작된 제2차 세계대전은 1945년에야 겨우 끝났지. 하지만 평화는 곧바로 찾아오지 않았어. 전쟁이 또 일어날지 모른다는 두려움이 전 세계에 퍼져 있었지. 특히 미국을 중심으로 한 자유주의 진영과 소련을 중심으로 한 공산주의 진영의 갈등이 심각해지고 있었어. 당장 전쟁이 벌어져도 이상하지 않은 아슬아슬한 분위기가 이어졌지. 바로 차가운 전쟁의 시기, 냉전이었어. 미국과 소련 사이의 냉전은 이제 지상을 넘어 하늘 끝까지 뻗어 나가고 있었지. 두 나라는 누가 먼저 우주를 선점하는지를 두고 치열하게 경쟁했어.

그러던 1957년 역사에 남을 일이 생긴 거야. 소련이 세계 최초의 인공위성 **스푸트니크 1호**를 우주로 쏘아 올렸어. 스푸트니크 1호는 80kg밖에 안 되는 작은 쇠구슬에 기다란 안테나 몇 개가 붙어 있는 모양이었지. 별로 대단한 기능은 없고 계속해서 삐- 삐- 하는 신호음을 지구

로 보내는 게 전부였어. 하지만 당시 미국 사람들은 엄청
난 공포에 휩싸였지. 소련의 위성이 언제든 미사일을 떨
어뜨릴 수 있다고 생각했거든. 게다가 스푸트니크 1호는
고도 200~900km의 낮은 궤도를 돌았기 때문에 날씨만
맑으면 밤하늘에서 반짝이며 이동하는 모습을 맨눈으로
볼 수 있었어.

　미국은 우주 개발에서 소련에게 뒤처졌다는 데 큰
충격을 받았을 거야. 자신들이 훨씬 앞서고 있다고 자부
했기 때문이지. 미국은 당장 소련을 앞지를 회심의 카드
가 필요했어. 전 세계에 보여 줄 확실한 무언가가 말이야.

　미국은 비밀리에 대담한 계획을 준비했어. 바로 달
에 핵폭탄을 떨어뜨리는 실험이었지! 오랫동안 기밀로
감춰져 있다가 최근에야 공개된 이 계획의 이름은 A119
프로젝트야. 미국은 달의 터미네이터에 핵폭탄을 터트리
려고 했어. 깜깜한 달 표면에 번쩍이는 섬광을 일으키면
서 지구에 사는 모두에게 미국의 위엄을 증명할 생각이
었지. 정말 어마어마한 계획이었어.

　A119 프로젝트를 위해 과학자 10명이 모였어. 그중
에는 해왕성 바깥의 소행성 무리를 의미하는 카이퍼 벨

트로 유명한 천문학자 제라드 카이퍼도 있었지. 카이퍼의 제자였던 젊은 대학원생 칼 세이건도 있었어. 맞아, 그 유명한 《코스모스》를 쓴 천문학자야. 이들은 달까지 핵폭탄을 쏘려면 로켓이 어떤 궤적을 그려야 할지 계산하는 임무를 맡았어. 우주가 얼마나 아름다운지, 인간은 왜 창백한 푸른 점인 지구에서 평화롭게 살아야 하는지를 이야기한 칼 세이건이 젊은 시절에는 파괴적인 프로젝트에 참여했다니 놀랍지? 어쩌면 이런 경험 때문에 우주를 더욱 평화롭게 이용할 방법을 고민하게 되었는지도 몰라.

그런데 과학자들이 아무리 계산해 봐도 A119 프로젝트는 너무 위험했어. 자칫 잘못하면 달에서 튀어나온 파편들이 지구로 향할 수 있었거든. 핵폭발로 달이 방사능에 오염되면 이후에 이어질 달 탐사에 큰 문제가 될 수도 있었지. 결국 이 엄청난 프로젝트는 실행되지 않았어. 대신 미국과 소련은 가장 먼저 달에 사람을 보내겠다는 계획으로 새로운 경쟁을 시작했지.

소련과 미국의 우주 경쟁

1959년 1월 소련은 **루나 1호**를 쏘아 올렸어. 역사상 처음으로 달 근처를 스쳐 지나가는 데 성공했지. 루나 1호는 기다란 안테나가 여러 개 달린 아주 작은 금속 구슬 모양으로 생겼어. 사진 한 장도 찍지 못하는 초보 수준의 달 탐사선이었지. 발사 과정에서는 엔진이 오작동하는 바람에 예상 궤도가 크게 벗어나기도 했어.

루나 1호는 원래 달에 부딪히게 할 목적이었지만 그러지 못했어. 달 표면으로부터 달 반지름의 3배가 넘는 5,900km 거리까지 다가갔다가 빠르게 뒷걸음쳤지. 그대로 태양 주변을 맴도는 우주 쓰레기가 된 거야. 절반의 성공이었지만, 루나 1호가 가장 먼저 달 근처까지 접근한 탐사선이란 사실은 분명해. 그래서 '인류 최초의 인공 행성'이라는 별명도 있어. 지금도 태양계 어딘가를 떠돌고 있을 거야.

같은 해 9월, 소련은 루나 2호를 발사했어. 이번에는 달에서 멀찍이 스쳐 지나간 게 아니라 달 표면에 빠른 속도로 충돌하는 데 성공했지. 루나 2호는 거대한 달의 바다 중 하나인 비의 바다에 있는 분지에 부딪쳤어. 어찌 보면 최초의 달 착륙이었던 셈이야. 인류가 보낸 인공 물체가 달에 직접 닿은 첫 순간이었지. 물론 부드러운 착륙은 아니었어. 충돌하자마자 탐사선은 파괴되었겠지. 그때 루나 2호에 작은 소련 깃발이 실려 있었거든. 깃발을 달 표면에 꽂진 못했지만 어쨌든 소련은 미국보다 먼저 달에 자신들의 흔적을 남긴 거야.

이때까지만 해도 달에 착륙한 탐사선은 없었어. 달 표면에 곤두박질치며 크레이터를 만들고 사라진 루나 2호를 빼면 말이야. 그저 달 주변을 지나간 게 전부였지. 그렇다면 소련과 미국, 둘 중 누가 먼저 달에 로봇 탐사선을 살포시 착륙하게 하는 데 성공했을까? 이 역시 먼저 승리를 거머쥔 건 소련이었어.

1966년 2월 소련이 날려 보낸 루나 9호는 부드럽게 달에 착륙했어. 표면에 닿기 직전 서서히 속도를 줄였고, 달에 조심히 내려앉았지. 말 그대로 달에 부드럽게 착륙하는 연착륙에 성공한 거야! 착륙 직후 루나 9호는 탐사선 안에 있는 카메라로 풍경을 찍어 지구로 보냈어. 이전까지는 멀리서 바라본 모습이 전부였다면, 드디어 표면

루나 9호가 달 표면에서 촬영한 달 풍경 ©Roscomos

에서 바라보는 시선으로 달의 환경을 처음 확인한 거야.

이에 질세라 미국도 소련의 루나 9호가 달 착륙에 성공하고 불과 세 달 만에 미국 최초의 달 탐사선 서베이어 1호를 쏘아 올렸어. 서베이어 1호는 탐사선 아래쪽에 달린 3개의 추진체로 연료를 내뿜으면서 속도를 줄였고 무사히 달에 착륙했지. 서베이어 1호는 무려 한 달 가까이 달에 머물며 1만 1,000장이 넘는 달의 풍경 사진을 찍었어.

뒤이어 미국은 달 주변을 한 번 스쳐 지나가는 탐사선이 아닌, 오랫동안 달 주변을 맴도는 궤도선을 보내려고 시도했지. 총 5번의 달 궤도선을 보낸 루나 오비터 계획이었어. 이 계획을 통해 NASA는 지구에서 보이는 달 앞면뿐 아니라 뒷면까지, 달 표면의 99%를 지도로 완성했어. 그렇게 만든 지도를 바탕으로 우주인을 달 어디로 보내야 적합할지 착륙 후보지를 고민하기 시작했지. 미국과 소련 모두 누가 먼저 사람을 달에 보낼지를 두고 치열한 경쟁을 벌이고 있었어.

1961년 당시 미국의 대통령 존 F. 케네디는 우주 냉전의 역사에서 아주 유명한 연설을 했어. 10년 안에 자국의 우주인을 달에 보내겠다는 엄청난 선언이었지. 이미 최초의 인공위성과 최초의 유인 우주 비행, 그리고 최초의 달 탐사선까지, 계속 소련에게 아깝게 지고 있던 미국이 자존심을 지킬 유일한 방법이자 가장 확실한 방법은 소련보다 먼저 달에 사람을 보냈다가 무사히 귀환시키는 것뿐이었어. 우주 연설 또는 달 연설이라고도 불리는 케네디의 연설은 말 그대로 우주 냉전의 라이벌인 소련을 상대로 한 선전포고였던 셈이지. 인류의 발자국을 달에 남기는 아폴로 계획의 신호탄이기도 했어.

국민들은 대통령의 연설을 듣고 열광했지. 하지만

NASA 과학자들의 반응은 전혀 달랐다고 해. 그때까지만 해도 적지 않은 과학자들이 10년 안에 사람을 달에 보내는 것이 가능할지에 대해 회의적이었거든. 그런데 갑자기 대통령이 나서서 달에 사람을 보내겠다고 선언해 버렸으니, 과학자들 입장에서는 발등에 불이 떨어진 상황이었지.

우주 실험에 희생된 동물들

과학자들은 살아 있는 생명체가 우주 환경과 로켓의 발사 과정을 견딜 수 있을지 장담할 수 없었어. 그래서 많은 동물이 우주 실험으로 희생되었지. 생명체로서는 처음으로 우주에 갔지만 지구로 다시 돌아오지 못한 우주 강아지 라이카의 이야기 들어봤지? 알고 보면 강아지 말고도 정말 많은 동물이 우주로 보내졌어. 우주 고양이 펠리세트도 있지. 다행히 펠리세트는 짧은 비행을 마치고 지구에 무사히 귀환했어.

　1961년 미국 플로리다주의 케이프커내버럴 발사장

에서도 한 동물이 로켓에 올라탔어. 이날 쏘아 올린 로켓 머큐리-레드스톤 2호에는 사람보다 먼저 우주를 경험한 최초의 영장류, 침팬지 햄이 타고 있었지. 햄은 비좁은 우주선 캡슐에 들어간 채 대기권 위로 빠르게 올라갔어. 고도 250km까지 갔지. 그렇게 16분 정도 되는 짧은 시간 동안 지구 주변을 여행했어.

햄은 우주 비행을 하는 동안 미션을 수행해야 했지. 캡슐 내부 햄의 눈앞에는 불빛이 깜빡이는 램프가 설치되어 있었어. 햄은 불빛이 켜지면 5초 안에 손에 쥐어진 레버를 당기는 혹독한 훈련을 받았어. 만약 시간 안에 레버를 당기지 않으면 햄은 끔찍한 전기 충격을 받아야 했지. 레버를 잘 잡아당긴다면 보상으로 바나나 조각이 배식구로 굴러 들어왔어. 모든 미션 과정은 지상의 관제실에서 통제했어.

햄은 대단하게도 지구의 중력이 거의 느껴지지 않는 우주에서 레버를 잡아당기는 작업을 성실히 해냈어. 과학자들은 비행 내내 햄의 심장 박동과 건강 상태를 살폈는데, 우주 공간에서도 햄의 인지 능력과 운동 능력은 큰 변화 없이 조금 둔해졌을 뿐이었어. 햄 덕분에 우주 비행이 생명체의 신체 능력과 정신 건강에 아주 치명적이지는 않다는 사실을 확인할 수 있었지.

드디어 사람을 달에 보낼 본격적인 준비를 할 수 있게 된 거야! 달 표면에 사람의 발자국을 남기고 이제는 달 너머 화성까지 넘보게 된 인류의 우주 탐사 역사는 바로 이렇게 시작되었지. 한편 우주로 날아간 침팬지 햄의 이야기는 SF 고전 영화 〈혹성탈출〉 제작에 영감을 주었어.

사람보다 먼저 달에 간 꼬부기

사람보다 먼저 달에 간 동물도 있을까? 달에 발자국을 남긴 건 아니지만 사람에 앞서 달을 가장 가까이에서 보고 돌아온 동물이 있어. 바로 작은 거북이 두 마리야. 우주여행과는 정말 거리가 멀어 보이는 생명체지? 평생을 땅바닥에서 느리게 기어 다니는 거북이가 지구 역사상 최초로 달 근처까지 날아간 주인공이라니!

우주 냉전 시기, 미국뿐만 아니라 소련도 자기 나라의 우주인을 달에 보내려고 준비를 이어 갔어. 탐사선을 달 주변 궤도까지 보냈다가 지구의 바다로 귀환시키는 연습을 시작했지. 지구에서 출발한 탐사선은 달 뒷면을 빙 돌아 지구로 오기까지 6일이 넘는 시간이 걸렸어. 이 긴 시간 동안 생명체가 우주에 머무르는 것이 과연 안전한지 미리 확인해야 했지. 그래서 소련의 과학자들은 작은 거북이를 선택한 거야.

거북이 두 마리가 탄 존드 5호 탐사선은 달까지 날아갔어. 그때 탐사선에 타고 있었을 거북이들이 어떤 생각을 했을지 상상해 볼까? 거북이는 영문도 모르고 사람들에게 붙잡혀 비좁은 우주선 캡슐에 갇혔지. 어느 순간 엄청난 굉음이 나더니 몸이 무거워지는 기분을 느꼈을 거야. 몇 분 뒤에는 몸이 둥둥 떠오르면서 지구의 중력이 느껴지지 않았을 거고. 3일 정도는 무중력에서 짧은 팔과 다리를 허우적거리지 않았을까? 그러다 캡슐의 작은 창 바깥으로 서서히 커져 오는 달을 봤을 거야. 다행히 두 마리의 거북이는 달 근처까지 날아갔다가 다시 지구의 바다로 돌아왔지.

이후 소련은 최초의 우주인을 탄생시킬 수 있었어. 1961년 유리 가가린이 보스토크 1호를 타고 지구 대기권 바깥의 우주 공간을 비행했어.

마지막 리허설

우주선 캡슐에 탑승하는 우주인이 늘어나면 그만큼 캡슐의 무게는 무거워져. 더 많은 짐을 우주로 보내기 위해서는 당연히 더 강력한 추력을 내는 힘센 로켓이 필요하지. 우주선에 타는 우주인 수를 늘리는 건 이처럼 단순히 사람 한 명을 더 태우는 문제가 아니었어. 차원이 다른 로켓을 새로 만들어야 하는 도전이었지.

또한 사람을 달에 보내려면 반드시 해야 하는 연습이 있었어. 랑데부와 도킹을 시도해 봐야 했지. 우주 공간에서 따로 움직이는 두 캡슐이 비슷한 속도로 비행하면서 서로 가까이 다가가는 것이 '랑데부'고, 속도를 맞춘 두 캡슐을 연결하는 것이 '도킹'이야. 이를 위해 미국은 자국의 첫 유인 우주 탐사 계획이었던 머큐리 계획에 이어 1962~1966년 제미니 계획을 실행했어. 제미니는 쌍둥이자리라는 뜻이야. 이름처럼 혼자가 아닌 2명의 우주인이 우주에 올라가 2대의 우주선을 랑데부하고 도킹하는 연습을 하겠다는 찰떡 같은 이름이었지.

1965년 10월, NASA는 텅 빈 캡슐을 먼저 발사했어. 그런데 이 연습용 우주선이 쏘아 올리자마자 폭발하고만 거야. 사람이 타고 있지 않아 정말 다행이었지. 제미니 6호를 연달아 발사해야 했지만 어쩔 수 없이 다음 계획은 미뤄지고 말았어. NASA는 논의 끝에 제미니 7호와 6호를 함께 발사하기로 했지. 이때 미션의 이름이 바뀌어서 제미니 6A호가 된 거야.

1965년 12월 제미니 7호가 먼저 발사되었고, 며칠 뒤 제미니 6A호가 지구 궤도로 올라가는 데 성공했어. 제미니 6A호에는 우주인 윌리 쉴라와 토마스 스태포드가 타고 있었지. 이들은 도킹까지는 시도하지 못하고 랑데부 임무를 수행했어. 제미니 6A호와 제미니 7호는 우주 공간에서 겨우 7m 거리를 둔 채 접근하면서 랑데부에 성공했지. 제미니 6A호는 미션을 끝낸 후 바로 지구로 귀환했고, 제미니 7호에 타고 있던 우주인 프랭크 보먼과 제임스 로벨은 2주일쯤 우주에 머물다가 지구로 돌아왔어. 이 기간은 그때까지 사람이 가장 오래 우주에 체

류한 기록이 되었지.

미국은 제미니 7호를 시작으로 그동안 소련에게 뒤처졌던 우주 경쟁에서 조금씩 우위를 점하기 시작했어. 당시 누적된 미국의 우주 비행 기록은 220시간을 돌파했지. 소련의 기록을 앞지르게 된 거야. 소련에게 '최초의 인공위성', '최초의 우주인'이라는 타이틀은 연달아 빼앗겼지만, 이제 미국은 소련보다 더 오래 더 안전하게 우주로 사람을 보내는 기술을 확보해 나갔어.

드디어 1966년 3월, 제미니 8호 미션에서 미국은 첫 도킹 연습에 성공했어. 제미니 8호에는 우주인 닐 암스트롱과 데이비드 스콧이 타고 있었지. 닐 암스트롱이란 이름은 많이 들어 봤지? 맞아, 바로 **아폴로 11호** 미션으로 역사상 처음 달에 발자국을 남기고 온 주인공이야. 암스트롱은 아폴로 11호 미션 전 제미니 8호 미션으로 우주를 처음 경험했지. 데이비드 스콧은 조금 낯설지 모르지만, 스콧도 아폴로 11호 이후 이어진 아폴로 15호 미션으로 달에 갔다 돌아왔어. 제미니 8호 미션 때까지만 해도 아직 파릇파릇한 신입이었던 암스트롱과 스콧이 불과 몇 년 뒤 달에 다녀오는 베테랑 우주인이 된 거지.

제미니 8호 미션은 총 4번의 도킹 연습을 계획했어. 2번의 연습까지는 정말 성공적이었지. 스콧은 도킹이 끝난 순간 "너무 부드러워!"라고 감탄하기도 했어. 그런데 도킹에 성공하고 얼마 지나지 않아 큰 문제가 생겼어. 하나로 연결된 우주선과 캡슐이 궤도를 벗어나 빠르게 회전하기 시작했어. 그 순간 암스트롱은 우주에 처음 간 초보 우주인으로 보이지 않을 만큼 침착하게 대처했어. 빠른 판단력으로 곧장 고장 난 무인 캡슐을 분리했지. 그리고 우주선에 달린 역추진 로켓을 활용해 회전 방향의 반대 방향으로 연료를 내보냈어. **역추진 로켓**은 비행하는 방향을 향해 연료를 분사하면서 우주선의 속도를 줄이는 로켓을 말해.

암스트롱은 가까스로 우주선의 속도를 늦추는 데 성공해. 원래 상태로 돌아올 수 있었지. 예상치 않게 연료를 많이 쓰는 바람에 미션은 일정보다 빠르게 종료되었지만 말이야. 하지만 NASA는 사고에 대처한 암스트롱의 침착함과 임기응변 능력에 주목했어. 이때 보여 준 모습 덕분에 암스트롱은 최초로 달에 착륙하는 우주인이 될 기회를 얻었지.

암스트롱의 활약이 돋보였던 제미니 8호 미션 다음으로도 많은 미션이 이어졌어. 앞서 제미니 3호를 타고 우주에 갔던 존 영은 제미니 10호를 타고 다시 우주로 향했지. 그의 옆에는 신참 우주인 마이클 콜린스가 함께 탔어. 콜린스는 이후 암스트롱과 아폴로 11호를 타고 달에 방문하는 주인공이 되었지. 한편 존 영은 제미니 3호 때까지만 해도 베테랑 선배 거스 그리섬의 지휘를 받으며 우주에 다녀온 신참이었는데, 어느새 선배 노릇을 하게 된 거야.

제미니 계획의 마지막 미션은 1966년 11월에 발사된 제미니 12호야. 이때 우주인 짐 로벨과 버즈 올드린이 우주인으로 참여했어. 올드린은 암스트롱, 콜린스와 어깨를 나란히 한 아폴로 11호의 3인방 중 한 명이기도 해. 로벨이 우주선과 무인 캡슐의 랑데부와 도킹을 성공하는 동안 올드린은 우주선 밖에서 3번의 우주 유영에 성공했어. **우주 유영**은 우주인이 우주복만 입고 우주선 밖으로 나가 우주 공간에서 활동하는 것을 말해.

머큐리 계획 때까지만 하더라도 우주인 1명을 지구 대기권 바깥에 겨우 나갈 수 있었는데, 이제는 우주인

2명이 일주일 가까이 우주에 머무르다가 지구로 돌아올 수 있게 되었지. 머큐리 계획과 제미니 계획으로 2번의 예행 연습을 마친 NASA는 마지막 미션, 사람을 달에 보냈다가 무사히 돌아오게 하는 도전을 앞두게 되었어.

나치가 만든 로켓

로봇 탐사선과 사람을 각각 우주로 보낼 때의 가장 큰 차이점은 뭘까? 로봇은 전력만 충전할 수 있다면 얼마든지 우주 공간에 머무를 수 있어. 보통 우주 탐사 로봇은 태양광 패널로 에너지를 충전하기 때문에 엄청난 양의 건전지를 함께 실어 보낼 필요가 없지. 하지만 사람은 달라. 최대한 빠르게 다녀와야 하지. 사람은 태양 빛으로만 버틸 수 없잖아. 매일 끼니마다 밥을 먹어야 하고, 오랫동안 우주에 머문다면 외로움도 달랠 수 있어야 하지. 만약 사람이 한 달 넘게 우주선에서 지낸다면 정말 많은 음식과 짐을 가져가야 할 거야. 그만큼 로켓은 더 무거워지겠지.

어떻게 하면 최대한 짐을 줄일 수 있을까? 방법은 하

나쁜이야. 여행 시간을 최대한 줄여야 해. 일주일 안에 달에 다녀오는 거지. 일주일보다 더 길어지면 우주인들은 음식이 부족해서 버틸 수 없을 거야. 그런데 이 방법에도 문제가 있었어. 가능한 빠르게 우주선을 보내려면 그만큼 더 강한 힘을 낼 수 있는 강력한 로켓이 필요하잖아. 과거에 머큐리 계획과 제미니 계획에서 사용한 수준의 로켓으로는 그렇게 빨리 우주선이 달까지 갈 수 없었어. 그래서 NASA는 더 강력한 로켓을 만들고자 했지.

이 문제를 해결한 사람은 뜻밖의 인물이었어. 독일에서 미국으로 건너간 과학자 베르너 폰 브라운이야. 폰 브라운은 1912년 지금은 폴란드 땅인 프로이센 왕국 바르지츠 지역에서 태어났어. 그는 어렸을 때 생일 선물로 망원경을 받았는데 그때부터 우주여행을 꿈꿨다고 해. 대학생 때부터 소형 로켓을 만드는 동아리 활동을 하기도 했지. 동료와 함께 고도 1km까지 올라가는 초기 로켓을 만드는 데도 성공했어.

폰 브라운이 동료들과 열심히 로켓을 연구하던 1933년 무렵, 인류 역사를 뒤흔드는 큰 사건이 벌어졌어. 바로 독재자 아돌프 히틀러가 독일의 새 지도자가 된 거야. 폰 브라운의 로켓 기술은 곧 히틀러의 눈에 띄었지. 나치는 로켓 기술이야말로 전쟁 상황을 뒤집을 수 있는 가장 강력한 카드라고 생각했어. 1934년 나치는 민간에서의 로켓 연구를 금지하고 국가를 위한 무기만 연구하도록 정했지.

갓 스무 살을 넘기고 막 박사 학위를 마친 폰 브라운은 이때 나치 육군의 무기 연구소에서 일하게 되었어. 그리고 그곳에서 최초의 액체 로켓으로 평가받는 V2 로켓을 개발하는 데 성공했지. 독일은 이 로켓에 인공위성 대신 탄두를 싣고 연합국을 향해 쏘려고 했어.

당시 폰 브라운은 독일에서 대서양을 가로질러 미국 본토까지 타격할 수 있는 새로운 탄도 미사일인 A9까지 개발하려고 했어. 하지만 이미 전쟁은 독일에게 불리하게 돌아갔고, A9 미사일이 개발되기 전에 독일은 패배하고 말았지. 그때 폰 브라운과 동료들은 독일을 떠나 미국으로 망명했어. 미국 정부는 그를 긴급히 체포했지.

나치를 위해 무기를 개발한 폰 브라운은 과연 처벌받았을까? 그렇지 않았어. 심지어 세계대전이 벌어지는 동안 독일에 붙잡힌 포로들이 폰 브라운의 로켓 개발 현장에 동원되기도 했는데 말이야. 여기서 역사의 아이러니가 생겨났지.

그 시기 미국은 한창 소련과 우주 냉전으로 힘겨루기를 하고 있었어. 수년간 독일에서 갈고닦은 폰 브라운과 동료들의 로켓 기술과 지식은 미국에게는 너무나 탐나는 자산이었지. 그런 이유에서 폰 브라운은 전범에 대한 어떠한 책임도 지지 않았고, 자연스럽게 NASA에서 새로운 로켓을 개발하는 책임자 역할을 맡게 되었어. 그 결과 그는 역사상 매우 강력한 로켓 중 하나였던 새턴 V를 만들었지. 우리말로 새턴 5호라고도 해. 그렇게 아폴로 계획의 첫 페이지가 시작된 거야.

아폴로 1호의 비극

유인 달 탐사를 앞두고 NASA는 아폴로 1호 미션에서 새롭게 제작한 AS-204라고 불리는 새턴 V 로켓의 성능을 테스트했어. 이때 새턴 V 로켓의 작은 버전인 새턴 1B 로켓을 사용했지. 실제로 우주에 가는 훈련은 아니었고, 우

새턴 V 로켓 ⓒNASA

주선에 우주인들이 탑승해서 엔진과 기계 장치가 모두
잘 작동하는지를 점검하는 간단한 리허설이었어. 우주선
에는 우주인 거스 그리섬, 에드워드 화이트, 그리고 로저

채피가 들어가 있었지.

그런데 리허설이 시작되는 순간 끔찍한 사고가 벌어졌어. 우주선에서 "헤이!"라는 짧은 교신이 들리자마자 스파크가 튄 거야. 전기 배선에 문제가 있었던 거지. 과학자들은 우주선 안팎으로 기체가 새는 구멍이 있지 않은지 확인하기 위해 우주선 캡슐 안에 고농도 산소를 잔뜩 주입해 놓았거든. 산소가 있으면 불은 더 쉽게 붙잖아. 그 때문에 우주선 안에서 일어난 작은 스파크는 순식간에 큰 화염이 되고 만 거야. 3명의 우주인이 탄 캡슐은 통째로 타버리고 말았지.

당시의 우주선 캡슐은 안에서 문을 열기 어려운 구조였어. 우주인들은 탈출을 시도했지만 끝내 밖으로 나올 수 없었지. 그리섬은 머큐리 계획 때 캡슐이 바다에 떨어지면서 충격으로 문이 열리지 않는 사고를 경험했어. 그래서 아폴로 1호 사고 전부터 그리섬은 NASA에 우주선 캡슐 문을 쉽게 열 수 있게 만들어 달라고 요청했지만 진지하게 받아들여지지 않았어. 사고가 일어난 시점에서 너무나 안타까운 일이었지.

그렇게 세 우주인은 15초 만에 세상을 떠났어. 지상

에서의 리허설이 그들의 마지막 여행이 되었지. 이 사고 이후 NASA는 우주선 캡슐 문을 안에서도 쉽게 열 수 있도록 구조를 모조리 바꾸었어. 그리고 훈련할 때도 캡슐 내부의 산소 농도를 아주 높이지 않게끔 새로운 매뉴얼을 만들었지.

끔찍한 사고로 끝난 아폴로 1호 미션은 원래 정식 아폴로 계획이 아니었어. 아폴로 계획에 앞서 로켓의 성능을 점검하는 지상 훈련 중 하나였지. 하지만 불의의 사고로 가족을 잃은 우주인들의 유가족은 이 훈련을 첫 번째 아폴로 계획으로 인정해 주길 바랐어. 긴 논의 끝에 결국 NASA는 희생된 우주인들을 기리기 위해 AS-204 미션의 이름을 아폴로 1호로 승격했어. 공식적으로 아폴로 계획의 첫 유인 우주선 실험으로 기록된 거야.

리허설에 불과했던 AS-204 미션을 아폴로 1호로 이름을 바꾸면서 생긴 문제도 있어. 이후 미션에 숫자를 붙이는 순서가 약간 꼬여 버렸거든. 이미 진행된 비슷한 리허설이 많았기 때문에 번호를 새롭게 순서대로 매기는 것이 난감했지. 그래서 NASA는 과감하게 아폴로 2호와 3호는 넘겨 버렸어. 뒤이은 1967~1968년 사이에 진행한 무인 새턴 V 로켓 시험 발사를 순서대로 아폴로 4호, 5호, 6호로 불렀지.

이때까지만 해도 실제 사람이 우주에 가지 않았어. 아폴로 7호 미션 때부터 진정한 의미에서의 유인 달 탐사 아폴로 계획이 시작되었다고 볼 수 있지.

사람을 태우고 달까지

드디어 아폴로 8호 때부터 실제 달 탐사를 위해 만든 새턴 V 로켓을 타고 우주인들이 우주에 가기 시작했어. 아폴로 8호는 처음으로 사람을 태우고 달 궤도까지 갔다가 지구로 돌아오는 데 성공한 역사적인 미션이었지. 새턴 V 로켓의 강한 추력으로 우주선이 달에 빠르게 도달할 수 있을지, 달 주변을 크게 선회하다가 달의 중력을 벗어나 지구로 돌아올 수 있을지, 이 모든 여정을 준비하는 중요한 미션이었어.

1968년 12월, 우주인 프랭크 보먼과 짐 러블, 그리고 윌리엄 앤더스를 태운 우주선은 빠르게 지구를 떠났어.

아폴로 8호 비행 중 윌리엄 앤더스가 찍은 지구돋이 ©NASA

불과 3일 만에 달 궤도에 도착했지. 그날은 12월 24일 크리스마스이브였어. 이를 기념해 아폴로 8호의 우주인들은 성경 구절을 함께 읽으며 지구로 인사를 보냈어.

　"아폴로 8호 승무원들로부터, 좋은 밤 보내시길 빌면서 마칩니다. 메리 크리스마스. 하나님의 축복이 여러분 모두에게, 지구의 여러분 모두에게 함께 하기를."

　이때 녹음된 우주인들의 교신 목소리는 마이클 잭슨

의 노래 〈History〉에 들어가기도 했지. 아폴로 8호 미션은 달 착륙까지는 시도하지 않았어. 대신 20시간 동안 달 궤도를 빠르게 돌았지. 그 덕에 우주인들은 가장 먼저 잿빛의 달 저 멀리 푸른 지구를 볼 수 있었어. 달의 지평선 위로 떠오르는 지구, 다시 말해 지구돋이earthrise를 본 거야. 앤더스는 지구돋이를 보면서 사진을 찍어 남겼어. 드디어 거북이가 아닌 사람이 우주선을 타고 달에 갔다가 지구로 돌아오는 데 성공한 역사적인 순간 이었지.

우주선을 뗐다가 붙였다가

아폴로 계획에서 사용한 우주선은 크게 두 부분으로 구분할 수 있어. 지구에서 달까지 우주선의 궤도를 조정하고 착륙선을 달 표면에 내려 보낸 뒤에도 계속 달 궤도에 머무르는 사령 기계 모듈CSM과 달 표면에 직접 내려가는 루나 모듈LM이지. CSM과 LM은 단순하게 사령선과 착륙선이라고 부르기도 해.

　아폴로 9호 때부터 우주인들은 우주선의 별명을 직

접 지을 수 있었어. 사령선에는 약간 뾰족한 우주선의 위쪽 모양과 닮았다고 해서 검드롭이라는 젤리 과자의 이름을 붙였지. 그리고 기다란 다리가 3개 달린 착륙선은 거미를 뜻하는 스파이더라고 불렀어.

새턴 V 로켓은 지구를 떠나면서 1단과 2단 로켓을 떼어 내 버리게 돼. 달 궤도에는 마지막 남은 로켓의 가장 윗부분만 도착하지. 달에 닿기 전 로켓은 꼭대기의 발사체를 감싼 덮개인 페어링을 열어. 페어링이 열리면 사령선이 나타나지. 3명의 우주인은 바로 이 사령선에 타고 있어.

여기서부터 복잡한 과정을 거치게 돼. 바깥으로 나온 사령선을 로켓에서 분리하는 게 첫 단계야. 사령선이 로켓에서 빠져나오면 로켓 더 아래쪽에 있던 착륙선 일부가 바깥으로 나와. 처음 로켓에 사령선과 착륙선을 실을 때는 둘 다 같은 방향으로 세우거든. 그런데 도킹을 하려면 사령선의 방향을 거꾸로 뒤집어야 해. 착륙선 위쪽에 사령선과 도킹하기 위한 해치가 있기 때문이야. 사령선은 엔진의 연료를 분사하며 방향을 완전히 바꿔. 그리고 아직 로켓에 일부 걸쳐 있는 착륙선에 조심스럽게 접근하면서 도킹을 시도해. 도킹이 끝나면 착륙선은 로켓 밖으로 빠져나오게 되지.

도킹에 성공해 사령선과 착륙선이 하나로 연결되면, 사령선에 타고 있던 3명의 우주인 중 2명이 착륙선으로 옮겨 가. 이후 사령선과 착륙선을 다시 분리하면, 착륙선이 달 표면을 향해 내려가지. 그동안 사령선은 계속 달 주변을 맴돌면서 달에 내려간 우주인들이 무사히 돌아오기만을 기다려.

아폴로 계획은 바로 이런 방식으로 실행할 예정이었어. 이제 NASA는 마지막으로 도킹한 두 모듈 사이로 우주인들이 문제 없이 들락날락할 수 있는지 확인해야 했지. 1969년 5월, 사람이 달에 착륙하기 전 마지막으로 이모든 과정을 달 궤도에 가서 똑같이 해 보는 최종 리허설이 진행되었어. 아폴로 10호는 착륙선이 달 표면에 내려갔다가 궤도로 돌아오는 과정을 제외한 모든 과정을 연습했지.

우주인 토머스 스태퍼드와 존 영, 그리고 유진 서넌은 떨리는 마음으로 달 궤도까지 날아갔어. 스태퍼드는 자신과 동료들이 달 주변을 돌아다니면서 미션을 수행한

다는 점에 착안해 아폴로 10호 사령선에는 찰리 브라운, 착륙선에는 스누피라는 만화 캐릭터의 이름을 붙였지.

아폴로 10호 미션 당시 과학자들의 귀여운 모습이 엿보이는 명장면이 있어. 달 궤도에서 사령선과 착륙선, 두 모듈이 성공적으로 도킹에 성공하자 관제실의 대형 스크린에 찰리 브라운에게 키스하면서 "명중이야! 찰리 브라운!"이라고 말하는 스누피 그림이 나타났다고 해. 머나먼 우주 공간에서 스누피와 찰리 브라운이 키스에 성공한 순간이었지.

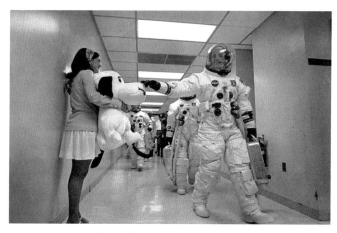

아폴로 10호의 우주인 토머스 스태퍼드가
사령선의 별명인 스누피 인형을 만지는 모습 ⓒNASA

착륙선으로 이동한 스태퍼드와 서넌은 달 표면에서 15km 높이까지 접근했어. 뒤이을 다음 미션에서 우주인들이 실제로 착륙하게 될, 고요의 바다 위를 지나가면서 주변 지형을 미리 확인하는 임무를 맡았지. **고요의 바다**는 달의 앞면에 있는 여러 바다 중 하나야. 나중에 아폴로 11호가 착륙해 인류가 처음으로 달에 발을 디딘 곳으로 가장 유명하지.

아폴로 10호 미션은 사람이 탄 우주선이 달에 가장 가까이 다가가는 첫 시도였어. 그런 이유에서 아폴로 10호 때부터 우주인들을 달에 착륙시키자는 이야기도 나왔었지. 하지만 그때까진 착륙선이 완벽하게 개발된 상태가 아니었기 때문에 실제로 이루어지진 않았어. NASA는 혹시나 아폴로 10호의 우주인들이 가장 먼저 달에 발자국을 남기고 싶다는 욕심에 지시를 어기고 달 표면까지 내려가지 않을까 걱정하긴 했지. 그래서 애초에 무모한 짓을 못하도록 우주선에 연료를 살짝 부족하게 채워 보냈다고 해.

스태퍼드와 서넌은 아쉬운 마음을 뒤로 한 채로 착륙선을 이끌고 사령선이 있는 곳으로 돌아갔어. 그리고 두 사람은 두 모듈을 다시 도킹해 사령선으로 옮겨 갔고, 착륙선은 떼어 냈지. 착륙선은 그대로 우주를 떠돌게 되었어. 아폴로 11호는 실제로 착륙선이 달 표면에 내렸기 때문에 아폴로 10호보다 달에 가까운 낮은 고도에서 도킹을 해제했어. 달 상공에서 분리한 착륙선은 달의 중력에 이끌려 달 위로 추락하고 말았지.

아폴로 12호 미션부터는 달에서 지진파 탐사를 하기 위해 의도적으로 달 위로 착륙선을 추락시켰어. 지진파로 직접 들여다볼 수 없는 지구 내부를 파악하는 것처럼, 달에서 지진파를 일으키면서 달의 내부 구조를 파악하는 거야. 그 때문에 이후 모든 미션에서 착륙선은 온전한 상태를 유지할 수 없었지. 착륙선이 부서지지 않고 원래 모습 그대로 남겨진 미션은 아폴로 10호가 유일해. 지금도 아폴로 10호의 착륙선은 태양계 어딘가를 떠돌고 있을 거야.

작은 발걸음, 커다란 도약

1969년 7월 16일 오전 8시 32분. 카운트다운과 함께 새턴 V 로켓이 케이프커내버럴 발사장을 힘차게 떠났어. 우주선 캡슐에는 서로 다른 머큐리 계획으로 우주에 다녀온 경험이 있는 3명의 우주인 닐 암스트롱과 마이클 콜린스, 그리고 버즈 올드린이 타 있었지. 로켓은 예정대로 1단과 2단을 모두 분리했어. 그리고 지구를 한 바퀴 하고 반을 돌자마자 마지막 3단 엔진을 점화하면서 드디어 지구의 중력을 벗어나 달을 향한 여정을 떠났어.

아폴로 11호의 두 모듈에도 재미있는 별명이 붙었어. 사령선은 쥘 베른의 소설 〈달 세계 여행〉에 등장하는 우주선 컬럼비아드의 이름을 빌려와 컬럼비아라고 불렀지. 착륙선은 이글이라고 불렀는데 미국을 상징하는 흰머리수리에서 가져온 별명이야. 아폴로 11호 미션 패치에서도 달 위를 나는 흰머리수리가 자랑스럽게 그려진 걸 볼 수 있지.

지구를 떠난 지 4일 만에 아폴로 11호의 우주선은 달 궤도에 도착했어. 이들은 앞선 많은 달 탐사와 리허설을 통해 살펴본 고요의 바다를 착륙지로 골랐어. 고요의 바다는 다른 주변 지형보다 훨씬 평평해서 안전하게 착륙할 수 있다고 판단했지. 사령선 컬럼비아와 착륙선 이글은 성공적으로 도킹했어. 암스트롱과 올드린은 컬럼비아에서 이글로 이동했고, 컬럼비아에 혼자 남은 콜린스는 달 착륙을 위해 하강하는 이글의 모습을 지켜봤지.

이글이 달까지 1,800m를 남겨 둔 시점에 갑자기 컴퓨터에서 경보음이 울렸어. 계산량이 많아지면서 컴퓨터가 과부하에 걸린 거였지. 다행히 착륙을 못할 만큼 치명적인 문제는 아니었어. 관제실에서 계속 진행해도 괜찮다는 교신을 받은 암스트롱은 침착하게 착륙선의 속도를 조절했지.

착륙선이 차츰 달 표면에 가까워졌어. 그런데 창밖으로 예상과 다른 풍경이 펼쳐진 거야. 달 표면이 울퉁불퉁했던 거지. 암스트롱은 크고 작은 크레이터를 빠르게 지나쳐 갔고, 이글의 속도를 최대한 늦추기 위해 많은 연료를 분사했어. 이글은 속도가 느려지면서 고요의 바다에 안착했지. 내려와 확인해 보니 연료가 겨우 25초면 다 쓸 양만 남아 있었대. 정말 아슬아슬했지.

사실 이글의 착륙은 지나칠 정도로 완벽했어. 땅에 닿기 직전 속도가 거의 0이 될 정도로 아주 부드럽게 내려왔거든. 원래는 착륙선의 속도가 조금 남아 있는 상태에서 살짝 쿵 하며 땅에 닿는 게 좋다고 해. 착륙선의 다리가 달 표면에 깊게 박혀야 몸체가 안정적으로 고정될 수 있기 때문이지. 그래서 아폴로 12호 때부터는 암스트롱보다는 더 과감하게 착륙하도록 지시했대.

암스트롱과 올드린은 비좁은 이글에서 우주복을 입고 장비를 챙겨 드디어 해치를 열고 밖으로 나갔지. 암스트롱이 먼저 사다리를 타고 내려가기 시작했어. 암스트롱은 사다리 가장 아래 칸에 섰을 때 바로 달에 발을 내려놓지 않았어. 직접 본 달 표면이 아주 작고 고운 입자로 덮여 있었거든. 암스트롱은 혹시라도 발을 딛는 순간 발이 쏙 하고 빠지진 않을까 염려했지. 이때 머뭇거리는 암스트롱의 목소리가 교신 기록으로 생생하게 남아 있어.

한참 숨을 고른 암스트롱은 용기 내어 발을 뗐어. 달 위로 가볍게 뛰어내렸지. 이때 암스트롱은 지구의 모든 사람에게 달 착륙 소감을 전했어.

"이것은 한 명의 인간에게는 작은 발걸음이지만, 인

류에게는 커다란 도약이다."

　인류가 지구가 아닌 다른 천체에 발을 딛은 첫 순간
이었지. 그러는 사이 이글에 남아 있던 올드린은 홀로 달
에서의 성찬식을 벌였어. 그는 성경의 한 구절을 읊은 다
음 챙겨 온 작은 컵에 담긴 와인과 손톱만 한 밀떡을 먹었
어. 올드린의 성찬식으로 인류가 달에서 먹은 첫 번째 식

아폴로 11호의 우주인 닐 암스트롱이 찍은 달을 걷는 버즈 올드린 ©NASA

사 메뉴는 와인과 밀떡이 되었지. 그리고 암스트롱의 뒤를 이어 올드린도 달에 발자국을 남겼어.

달 착륙이 조작?

암스트롱과 올드린은 2시간 정도 달에 머물렀어. 길지 않은 시간이었지만 많은 작업을 했지. 먼저 달에 미국의 국기인 성조기를 꽂았어. 이 성조기에 얽힌 재미있는 이야기가 많아. 달은 지구와 달리 공기가 없고 바람도 불지 않잖아. 그러니 보통의 깃발을 달에 꽂는다면 깃발은 힘없이 축 처지고 말 거야. 막대한 예산을 들인 프로젝트인 만큼 미국은 중요한 인증샷에서 국기가 자랑스럽게 펼쳐지길 바랐지.

그래서 깃대를 ㄱ자 모양으로 만들었어. 수직으로 선 깃대 위쪽에 수평으로 된 깃대를 붙여서 바람이 불지 않아도 깃발이 펼쳐지게 만들었지. 그런데 비좁은 우주선에 보관한 탓에 깃발이 약간 구겨진 채로 깃대에 걸리고 만 거야. 그 때문에 사진으로 보면 바람이 불면서 펄럭이는 것처럼 보여. 어떤 사람들은 바로 이 모습을 트집 잡아 아폴로 11호가 조작된 거짓말이라고 주장해. 하지만 영상으로 보면 깃발은 펄럭이지 않아. 깃발을 꽂을 때 진동으로 깃대가 살짝 흔들렸을 뿐이지.

깃발은 아직 달에 잘 꽂혀 있을까? 달에는 지구처럼 강한 바람이 불지 않으니 깃발이 그대로 남아 있을 수 있겠지. 하지만 안타깝게도 아폴로 11호의 깃발은 지금은 그 자리에 없어. 그 이유가 궁금하지?

암스트롱과 올드린은 달에서 작업을 모두 마치고 이글로 돌아왔어. 그리고 이글은 엔진을 가동하면서 빠르게 위로 향했지. 바로 이때 이글의 엔진이 일으킨 폭풍으로 옆쪽에 꽂혀 있던 깃발이 멀리 날아가 버린 거야. 올드린은 창 너머 튕겨 날아간 깃발을 애타게 바라봤지. 만약 깃발이 아주 멀리 날아가지 않았다면 지금도 고요의 바다 어딘가에 쓰러진 채로 남아 있을 거야. 다만 달은 지구와 달리 자기장이 없어서 강렬한 태양 빛이 달 표면에 그대로 쏟아지거든. 아폴로 11호가 다녀간 지 이미 50년이 넘었으니 설령 깃발이 남아 있더라도 색깔은 다 바랬을 거야.

달에 설치한 반사판

한편 암스트롱과 올드린은 달에 특별한 장비를 두고 왔어. 작은 반사판이야. 이 반사판 덕분에 과학자들은 지구에서 달을 향해 레이저를 쏘아 지구와 달 사이의 거리를 정확하게 잴 수 있어. 지상에서 쏜 레이저가 달에 설치한 반사판에 맞고, 다시 반사되어 지구로 돌아오는 데 걸리는 시간을 측정하면 달까지의 거리를 알 수 있지. 또한 천문학자들은 이 관측을 통해 지구와 달 사이 거리가 매년 3.8cm씩 멀어지고 있다는 사실을 발견했어.

달 반사판은 아폴로 11호, 14호, 15호 미션에서 설치하고 왔어. 지구에서 달에 쏜 레이저가 지상으로 반사되어 날아온다는 사실 역시, 아폴로 계획이 거짓이 아님을 보여주는 확실한 증거이기도 해. 누군가 분명 달에 가서 반사판을 두고 왔다는 뜻일 테니까. 심지어 과거 소련의 루나 계획에서도 반사판을 달에 두고 오기도 했지.

아폴로 11호의 우주인 암스트롱과 올드린이 달 표면에 내려가 임무를 수행하는 동안 사령선 컬럼비아에 남은 콜린스는 아늑하게 혼자만의 시간을 보냈어. 한편으

아폴로 11호 미션에서 달에 설치한 반사판 ©NASA

로 콜린스는 아쉽지 않았을까? 달에 직접 내려가지 못했으니 말이야. 하지만 그는 나머지 두 사람이 못한 특별한 경험을 했어. 홀로 컬럼비아를 타고 달 뒷면으로 넘어가서 누구보다 먼 거리의 우주를 다녀왔지. 컬럼비아가 달 뒷면을 지나던 48분 동안 지상 관제실과 콜린스의 교신이 잠깐 끊어졌어. 그사이 콜린스는 적막한 시간을 보내야 했지.

암스트롱과 올드린이 탄 이글이 천천히 올라오자, 이들을 기다리던 콜린스는 천천히 이글과 컬럼비아를 도킹했지. 이글이 컬럼비아로 다가오는 동안 콜린스는 이글의 모습을 사진으로 찍었어. 까만 우주를 배경으로 멀리 푸른 지구도 보여. 이 사진에 콜린스 딱 한 명을 제외한 당시 모든 인류가 담긴 셈이야. 이글에 타고 있는 암스트롱과 올드린, 그리고 지구에 살고 있는 모든 사람.

3일 뒤 컬럼비아는 우주인들을 태우고 무사히 지구로 돌아왔어. 과학자들은 달에 혹시 모를 위험한 바이러스가 있을지도 모른다고 생각해서 우주인들을 2주 정도 격리했지. 이 규칙은 달 표면에 어떤 바이러스도 존재하지 않는다는 사실을 확인하기 전인 아폴로 14호 미션 때까지 이어졌어.

미국은 아폴로 11호의 우주인들이 지구로 돌아오지 못하는 상황을 대비하기도 했어. 달에 착륙하더라도 우주선에 문제가 생겨 귀환하지 못할 수도 있다고 생각했지. 그래서 당시 리처드 닉슨 대통령은 성공과 실패 상황을 모두 염두에 두고 두 가지 연설문을 준비했어. 실패를

아폴로 11호 사령선 컬럼비아에서 찍은 착륙선 이글과 지구 ©NASA

대비해 쓴 연설문은 1999년이 되어서야 공개되었는데, 아름답지만 슬픈 이야기로 가득해. 다행히도 이 연설문을 읽을 일은 없었지.

　많은 사람이 인류가 최초로 지구가 아닌 다른 천체에 발을 디딘 아폴로 11호 미션만 기억하지만, 아폴로 계획은 그 뒤로도 계속 이어졌어. 총 12명의 우주인이 달에 발자국을 남기고 왔지.

달에 사는 생명체?

아폴로 11호 미션이 있고 4개월 만에 그다음 유인 달 탐사 계획이 이어졌어. 1969년 11월, 새턴 V 로켓은 아폴로 12호에 피트 콘래드, 리처드 고든, 그리고 앨런 빈을 싣고 달을 향해 날아갔지. 아폴로 11호 때는 달에서 겨우 2시간 작업하고 착륙선으로 돌아왔지만, 아폴로 12호는 훨씬 긴 7시간 동안 달에 머물렀어.

아폴로 12호 때도 재미있는 사건이 벌어졌어. 아폴로 12호의 착륙선은 1967년 4월 탐사 로봇 서베이어 3호가 착륙했던 지점 바로 옆에 착륙했어. 서베이어 3호까지 200m도 안 되는 거리였지. 우주인이 걸어서 갈 수 있을 정도였어. 그래서 우주인들은 서베이어 3호의 부품을 해체해 지구로 가져왔지. 연구해 보니 놀랍게도 지구에 가져온 부품에 박테리아가 살고 있었던 거야! 이를 처음 발견한 과학자들은 달에도 미생물이 살고 있다며 흥분했지. 한편으로는 이 같은 지구 밖 생명체가 지구 생태계를 만들었을지도 모른다고 생각했어.

그런데 사실 이 박테리아는 서베이어 3호를 만들 당시 엔지니어가 재채기를 하면서 부품에 묻은 거였어. 그때 묻은 박테리아가 서베이어 3호와 함께 달에 갔고, 그로부터 2년 뒤 아폴로 12호가 찾아올 때까지 달의 혹독한 환경을 버텨 내면서 살아 있었던 거야. 이 박테리아는 아폴로 12호 덕분에 기적적으로 집에 돌아온 셈이지. 그어떤 아폴로 계획의 우주인보다 달에 가장 오랫동안 체류했다가 돌아온 지구 생명체일 거야.

다만 당시 서베이어 3호 부품에서 검출된 박테리아가 지구에서 분석하는 과정에서 오염된 것일 거란 주장도 제기되고 있어.

지구 귀환 미션

1970년 4월 아폴로 13호가 발사되었어. 아폴로 11호와 12호의 연이은 성공으로 NASA는 약간 긴장이 풀린 상태였지. 하지만 항상 사고는 여유를 부릴 때 벌어지는 것 같아.

새턴 V 2단 로켓은 연료를 분사하는 5개의 엔진으로 속도를 내거든. 그런데 발사 당일 그중 1개의 엔진이 2분 정도 일찍 꺼졌어. 자칫하면 우주선이 충분한 속도를 내지 못해 예정대로 달까지 가기 힘든 상황이었지. 그때 NASA에서는 우주인들의 안전을 위해 더 멀리 날아가기 전 서둘러 미션을 종료해야 한다는 의견이 나오기도 했어. 하지만 아직 살아 있는 나머지 엔진 4개로 연료를 더 쓰면 원래 궤도로 충분히 갈 수 있다고 판단했지. 그 정도 문제는 심각하지 않다고 여긴 거야.

아폴로 13호가 거의 달에 다다를 즈음 결국 큰 사고가 벌어지고 말았어. 지구에서 32만km 떨어진 우주 공간을 지나고 있을 때였지. 우주인들은 강한 충격과 함께 굉음을 들었어. 처음에는 여느 때처럼 조금 큰 운석이 우주선을 치고 지나갔다고 생각했어. 그런데 우주선 창밖에서 하얗게 빛나는 조각들이 날아가는 모습을 발견한 거야. 눈앞에 펼쳐진 상황은 너무나 충격적이었지. 사령선 오디세이에 있던 산소 탱크 2개 중 하나가 완전히 폭발했던 거야! 게다가 옆에 있던 멀쩡한 산소 탱크와 안테나까지 폭발에 휩싸여서 날아가 버렸어.

"휴스턴, 문제가 생겼다."

사고 장면을 목격한 사령관 짐 러블이 당시 외쳤던 이 한마디는 이후로도 NASA 역사에서 위급한 상황을 대표하는 명대사가 되었지. 산소 탱크가 박살 나면서 사령선 오디세이 안의 산소가 빠르게 고갈되어 갔어. 고민 끝에 NASA의 과학자들은 오디세이에 연결되어 있는 착륙선 아쿠아리우스 쪽으로 우주인들이 대피하도록 했지. 달 착륙은 포기하기로 결정했어. 그 순간부터 아폴로 13호는 달 착륙 미션이 아닌 달 궤도 너머 우주 공간에 표류하는 우주인들이 무사히 지구로 귀환하는 생존 미션이 되었지.

산소 탱크가 폭발하면서 그 충격으로 우주선은 예정 궤도에서 살짝 벗어났어. 얼마 남지 않은 연료를 최대한 아끼면서 궤도를 조정해야 했지. 과학자들은 위급 상황에서도 불행 중 다행으로 지구로 귀환할 수 있는 최적의 경로를 찾아냈어. 달의 중력을 이용해 우주선의 속도를 빠르게 높이는 방법이었지. 원래대로라면 우주선은 달에 다가가면서 속도를 늦추고 달 곁에 머물러야 했어. 하지만 빠른 속도로 달 뒷면을 크게 빙 돌아서 빠르게 지구로 향하는 경로를 선택한 거야. 이때 아폴로 13호의 우주인들은 지구에서 가장 먼 거리의 우주까지 날아가는 기록을 세웠어. 달 뒤편까지 비행하면서 지구 표면에서 40만 km가 넘는 거리를 지나게 되었지.

치명적인 문제는 고장 난 이산화탄소 제거 장치였어. 숨을 쉬면 이산화탄소 농도가 올라가니까 우주선 안에는 이산화탄소를 제거하는 장치를 설치하거든. 문제는 우주인들이 오디세이에서 아쿠아리우스로 피신하면서 생겼어. 아쿠아리우스는 달 착륙선이라 원래 2명의 우주인이 탑승하는 것을 생각해 제작하기 때문에 이산화탄소 제거 장치도 2명이 내뿜는 이산화탄소 정도만 없앨 수 있었지. 만약 3명이 계속해서 함께 숨을 내쉰다면 이들은 지구로 돌아오기 전에 호흡 곤란이 왔을 거야.

우주인들은 방법을 떠올렸어. 오디세이의 이산화탄소 제거 장치를 떼어다가 아쿠아리우스에 연결하기로 한 거지. 그런데 난감한 상황이 벌어졌어. 막상 연결하려고 보니 오디세이와 아쿠아리우치에 있는 장치의 연결부가 호환되지 않았던 거야. 우주인들은 급한 대로 우주선 설명서의 표지를 뜯어 연결부에 끼운 다음 테이프로 칭칭 감았어. 임기응변으로 장치를 겨우 연결했지. 이때 교훈을 얻은 NASA는 이후 우주선들은 종류에 상관없이 동일한 장치는 모두 호환될 수 있게 만들었어.

끈질긴 노력 끝에 우주인들은 무사히 지구 대기권에 진입했어. 이제 지구의 바다로 떨어지기 위해 다시 오디세이로 이동했지. 착륙 직전 상공에서 아쿠아리우스를 분리했고, 이들은 기적적으로 지구에 귀환할 수 있었어.

이때의 사고로 아폴로 계획을 보는 여론이 한동안 좋지 않았어. 우주인들의 목숨을 담보로 무리한 시도를 한 것이 아니냐는 비판이 나왔지. 그래서 연이어 쏘아 올릴 예정이었던 아폴로 14호는 발사되기까지 1년을 기다려야 했어. 이 대단한 이야기는 톰 행크스 주연의 영화 〈아폴로 13〉으로 제작되었으니 관심이 있다면 한번 찾아봐도 좋을 거야.

아폴로 계획이 끝나기까지

아폴로 13호 사고가 있고 1년 뒤인 1970년 1월, 아폴로 14호 미션이 시작되었어. 앨런 셰퍼드, 스튜어트 루사, 그리고 에드거 미첼이 우주로 떠났지. 아폴로 14호의 우주인들은 달에서 직접 수레로 월석을 옮기면서 지구로 아주 많은 월석 샘플을 가져왔어. 이전의 다른 미션들과 마찬가지로 달에 다양한 과학 실험기구들도 설치했지.

재미있는 장면이 하나 있어. 셰퍼드는 지구를 떠날 때 몰래 골프공 2개와 골프채 1개를 챙겨 가서 잠시 달 위에서 골프를 쳤어. 달은 지구보다 중력이 훨씬 약해서 골프공이 아주 멀리까지 날아갔다고 해. 셰퍼드의 돌발 행동으로 골프는 인류가 달에서 처음 시도한 스포츠가 되었지. 아마 셰퍼드가 날린 골프공은 지금도 달 구석 어딘가에 박혀 있을 거야.

1971년 7월 아폴로 15호가 우주로 향했어. 데이비드 스콧과 알프레드 워든, 그리고 제임스 어윈이 달에 갔지. 이때부터는 우주인들이 단순히 달 위를 걸어 다니는 것뿐만 아니라, 달 표면을 달리는 자동차인 **월면차**를 가져가서 미션을 수행했어. 월면차는 달에서 평균 10~20km/h 정도의 속도로 달렸어. 덕분에 두 발로 걸을 때보다 훨씬 먼 거리까지 빨리 이동하면서 더 많은 샘플을 확보하고 탐사를 할 수 있었지.

1972년 4월에는 아폴로 16호의 우주인 존 영, 켄 메팅리, 그리고 찰스 듀크가 함께 달을 향해 떠났어. 이들도 더 빨라진 월면차를 타고 달 곳곳을 누볐지. 아폴로 16호에서 가져온 월석은 지금껏 아폴로 계획에서 우주인들이 가져온 월석 중 가장 크고 무거웠어. 11kg이나 되는 이 월석은 빅 멀리라는 별명으로 불려.

한편 듀크는 달 위에 특별한 기념품을 하나 남기고 왔어. 바로 가족사진이야. 자신과 아내, 두 아들의 모습이 담긴 사진을 비닐 랩으로 포장해 달에 두고 왔지. 듀크의 가족사진은 역사상 가장 높은 곳에 걸린 가족사진이 되었어. 다만 지금쯤 그의 가족사진은 강렬한 태양풍에 그대로 노출되면서 색이 다 바랬을 거야.

1972년 12월, 드디어 아폴로 계획의 끝을 장식한 아폴로 17호가 지구를 떠났어. 유진 서넌, 로널드 에번스, 그리고 해리슨 슈미트가 마지막으로 달에 방문하게 되었

아폴로 16호의 우주인 찰스 듀크가 달에 남기고 온 가족사진 ©NASA

지. 아폴로 17호의 사령관을 맡았던 서넌은 우주인이자 지질학자였어. 이전까지 실행된 아폴로 계획에서는 모든 우주인이 공군 파일럿, 군인 출신이었거든. 과학자가 달에 간 건 처음 있는 일이었어. 그리고 안타깝게도 이 미션을 끝으로 아폴로 계획은 끝을 맞이했지. 아폴로 계획이 단순히 우주를 향한 꿈과 과학적 호기심만을 위해 실행된 것이 아니라는 사실을 엿볼 수 있는 지점이야.

취소된 미션들

원래 아폴로 계획은 17호 이후로도 20호까지 실행하려고 했어. 특히 18~20호 미션에서는 기존 미션보다 더 난이도 높은 시도를 하려던 참이었지. 예를 들어 그동안 달에 간 모든 우주선은 안전을 위해 착륙에 방해를 주지 않는 지형을 찾아 넓은 평야나 달의 바다에 착륙했어. 그런데 이제 사방에 높은 산맥과 분지로 둘러싸인 깊은 크레이터 안에 착륙하는 것을 시도해 보려 고민했지. 우주인들이 크레이터의 경사면을 타고 올라가는 달에서의 암벽등반까지도 고려했어.

한편 이때까지 모든 아폴로 계획에서는 달의 앞면에만 착륙하길 시도했거든. 그래야 지구에서 안테나를 이용해 계속 우주인들과 교신을 주고받을 수 있으니까. 그런데 NASA의 일부 과학자들은 우주인을 달 뒷면에 내려보내자는 논의도 했어. 대신 교신을 위해서 달 뒷면의 우주인과 지구 관제소를 연결해 줄 위성들도 추가로 보내야 했지. 기존의 달 착륙 방식보다 훨씬 더 많은 예산이 필요했기 때문에 이 시도는 이루어지지 않았어.

이미 여러 번 사람을 달에 보내면서 우주 냉전에서 우위를 점한 미국은 굳이 막대한 예산을 쏟으면서 아폴로 계획을 지속할 이유가 없었지. 게다가 그 시기 미국은 베트남 전쟁을 치르면서 국가 재정이 휘청이고 있었거든. 결국 시민들의 관심도, 경제적인 이득도 없이 돈만 펑펑 써야 하는 아폴로 계획은 끝나 버렸어. 우주 개발뿐 아니라, 다양한 사회 문제를 해결하는 데에 국가 예산을 골고루 쓰는 것으로 국가 운영 방향이 바뀌었기 때문에 아폴로 계획이 빠르게 끝났다고 볼 수 있지.

그런데 최근 미국을 비롯한 많은 나라가 다시 달에 가려고 시도하고 있어. 아폴로 계획 이후 재미없는 천체라고 여기며 방치하던 달이 지금 와서 주목받고 있지. 왜 우리는 또다시 달에 가려고 하는 걸까?

스푸트니크 1호

소련이 쏘아 올린 세계 최초의 인공위성

루나 1호

세계 최초로 달 근처까지 접근한 소련의 무인 탐사선으로, 최초의
인공 행성이라는 별명을 얻음

아폴로 11호

역사상 처음으로 달에 착륙한 미국의 유인 달 탐사선

역추진 로켓

비행하는 방향을 향해 연료를 분사하면서 우주선의 속도를 줄이는
로켓

우주 유영

우주인이 우주복만 입고 우주선 밖으로 나가 우주 공간에서
활동하는 것

고요의 바다

달 앞면에 있는 여러 바다 중 하나로, 아폴로 11호가 착륙해 인류가
처음으로 달에 발을 디딘 곳으로 가장 유명함

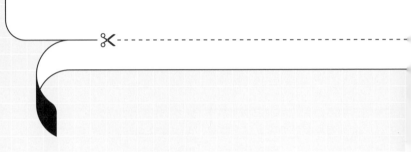

월면차

달 표면을 달리는 자동차로, 먼 거리까지 빠르게 이동하면서 달에서
더 많은 샘플을 확보할 수 있음

4장

우리는 왜
다시
달에 갈까?

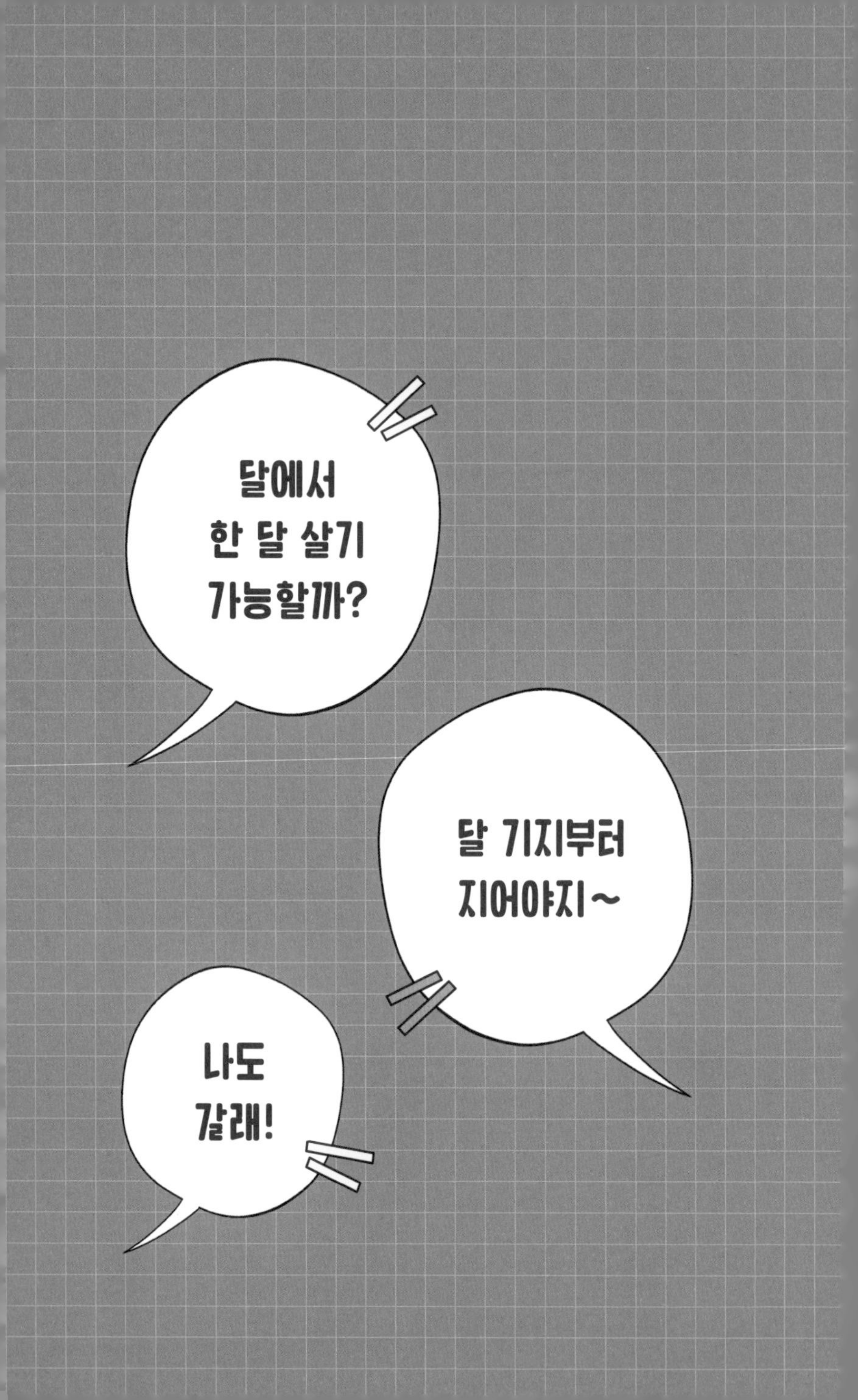
달에서 한 달 살기 가능할까?
달 기지부터 지어야지~
나도 갈래!

다시 시작된 달 탐사

최근 미국은 거의 반세기 만에 자국의 우주인을 달에 보내겠다는 계획을 발표했어. 바로 **아르테미스 계획**이지. 미국의 부통령 마이크 펜스가 NASA에서 한 연설이 인상적이야. 그는 연설에서 "우리는 달로 돌아갈 것입니다"라고 말했어. 미국은 이미 달에 사람을 보낸 적이 있으니 사람을 보내겠다가 아니라 달로 '돌아가겠다return'라고 한 거야.

미국은 그동안 달에 사람을 보내지 않다가 왜 이제와서 다시 시도하려는 걸까? 여기에는 몇 가지 중요한 이유가 있어. 첫 번째는 다시 시작된 우주 냉전 때문이라고 볼 수 있지. 제2차 세계대전이 끝난 직후에 미국과 소련의 우주 냉전이 벌어졌다면, 이제는 우주 굴기로 무장한 중국과의 우주 냉전이 시작된 거야.

중국은 아시아 국가로는 최초로 달에 탐사선을 보내는 데 성공했어. 또 미국과 별개로 직접 운영하는 우주 정거장을 지으면서 활발하게 우주 개발을 이어 가고 있지. 미국이 선점한 달을 뛰어넘어 화성에 로봇을 보내는 데도 성공했어. 중국은 붉은 행성 화성에 우주인을 보내 붉은 인공기를 꽂겠다는 대담한 계획을 준비하고 있어.

이런 중국의 급성장은 그동안 달에 큰 관심을 두지 않았던 미국을 긴장하게 했어. 발등에 불이 떨어진 거지. 미국은 오랫동안 자신들이 차지해 온 달을 지키겠다는 생각으로 달 탐사를 결심했어. 중국이 앞지르기 전에 우주인이 더 오랫동안 달에 머무르는 새로운 시도를 하겠다고 발표한 거야. 미국과 소련의 냉전이 끝난 지도 벌써 반세기 가까이 흘렀지만, 여전히 우주 개발의 강력한 원동력은 우주를 향한 꿈이 아닌 라이벌 국가와의 경쟁인 셈이지.

중국이 달에 보낸 탐사선은 얼핏 아담하고 귀여운, 별 볼 일 없는 로봇으로 보일지도 몰라. 로봇 탐사선뿐 아니라, 사람을 달에 보내는 데까지 성공했던 아폴로 계획에 비하면 한참 멀어 보이기도 하지. 하지만 중국의 달 탐사선은 아주 놀라운 성과를 냈어.

중국은 달 탐사 계획에 창어라는 신화 속 달 여신의 이름을 붙였어. 2007년과 2010년에 각각 달 탐사 위성 창어 1호와 창어 2호를 발사했지. 2013년에는 드디어 로봇을 달 표면에 착륙시키는 데 성공했어. 작은 바퀴로 달 위를 굴러다니는 탐사 로버rover로, 이름은 중국 전설에서 따왔어. 1장에서 잠깐 소개했지. 달에 사는 옥토끼라는 뜻에서 위투라고 해. 위투는 약 3개월 동안 달 위를 천천히 돌아다니면서 다양한 지질학적 탐사를 진행한 뒤 전원이 꺼지면서 임무를 끝마쳤지.

달 뒷면에 간 창어 4호

2018년 7월에 발사된 창어 4호는 특별한 곳으로 향했어. 지금껏 진행되었던 모든 달 탐사 계획은 지구를 향해 있는 달의 앞면에서만 이루어졌어. 아폴로 계획뿐만 아니라 모든 로봇 탐사선이 그랬어. 그런데 창어 4호는 그 누구도 가보지 않았던 달의 뒷면에 착륙한 거야!

달 뒷면은 지구에서 바로 보지 못하니 교신도 할 수 없지. 그래서 중국은 달 뒷면에 내려앉은 착륙선과 지구가 교신을 주고받을 수 있도록, 달 너머 더 먼 지점에 고정된 채로 신호를 연결해 주는 오작교 위성인 췌차오를 함께 보냈어. 덕분에 중국은 역사상 처음으로 달 뒷면에서 달 뒷면의 모습을 담아낼 수 있었지.

또한 창어 4호는 지구에서 식물의 씨앗을 가져갔어. 그 씨앗은 달에서 발아하는 데 성공했지. 안타깝게도 씨앗은 얼마 안 가 달 뒷면의 낮은 기온에 얼어붙었지만, 중국은 역사상 최초로 지구가 아닌 다른 천체에서 식물의 싹을 틔우는 데 성공한 거야. 앞으로 먼 미래, 만약 인류가 달에 정착해 살아간다면 어떻게 식물을 기르고 식량을 얻을 수 있을지를 고민하게 하는 첫 시도였다고 볼 수 있지.

2020년 11월, 가장 최근 달에 날아간 건 창어 5호야. 창어 5호가 흥미로웠던 점은 달에서만 샘플을 분석하고

달 뒷면의 모습 ⓒNASA

끝나는 것이 아니라, 달에서 채취한 샘플을 캡슐에 싣고 지구로 돌아왔다는 거야. 탐사선이 수집한 달의 토양 샘플은 밀봉된 상태로 내몽골 사막으로 돌아왔어. 그 덕분에 과학자들은 지구에서 달 샘플을 분석할 수 있었지. 이 샘플에서 아주 놀라운 성분들이 많이 발견되었어. 최근에는 달 토양에서 1mm 크기의 아주 작은 유리 입자들을 발견했는데, 천문학자들은 달에 존재하는 물로 인해 형성된 성분일 거로 추정해.

창어 5호의 탐사 결과, 달 표면 살짝 아래에는 적어도 3억 톤에서 2,500억 톤에 달하는 엄청난 물이 존재할 가능성이 있다고 보고 있어. 이 정도 양이면 잠실에 있는 올림픽 수영장 수백만 개는 거뜬히 채울 거야. 그렇다면 달에서 얻은 물을 사람이 곧바로 마실 수 있을까?

달에 있는 물도 지구에 있는 물과 다르지 않아. 똑같이 수소 2개, 산소 1개로 이루어진 물이라서 마실 수 있어. 다만 달에 물이 있다고 해서 땅을 파면 온천이 터지는 것처럼 액체로 된 물이 뿜어져 나온다거나, 꽁꽁 얼은 얼음 덩어리가 숨어 있다는 뜻은 아니야. 달 암석 속에 물 분자 하나하나로 쪼개진 채 곳곳에 스며들어 있지.

따라서 달에 있는 물을 마시고 싶다면 암석 속에서 물 분자를 하나하나 포집하는 기술이 필요할 거야. 그리고 필터링을 여러 번 해서 달 먼지도 최대한 잘 걸러 내야겠지. 정말 이런 미래가 실현된다면 우리는 편의점에서 제주도 한라산에서 뽑은 생수뿐 아니라, 달에서 뽑은 생수를 사 먹게 될지도 몰라.

어둠 속에서 물 찾기

달에서 발견된 물이 왜 중요할까? 앞으로 인류가 달에 진출했을 때 가장 필요한 수자원으로 활용할 수 있기 때문이야. 아폴로 계획은 하루, 길어야 2~3일 정도 짧게 달에 머물다가 지구로 돌아왔어. 달을 맛보기만 하고 왔다고 볼 수 있지. 하지만 이렇게 짧은 시간만으로는 달에 있는 자원을 지구로 운반하기란 불가능해. 달에 눌러앉아 오랫동안 우주인들이 지낼 수 있는 달 기지가 필요하지.

지구 바깥에서 오랫동안 사람이 살기 위해서는 식량 문제부터 해결해야 해. 아폴로 계획처럼 달에 소풍 다녀오는 수준이라면 지구에서 챙겨 간 도시락만으로 충분히 버틸 수 있겠지. 하지만 달에서 일주일, 한 달 가까운 시간을 보내려면 달에서 먹을 것을 자급자족할 준비가 되어야 해. 바로 그런 이유에서 일단 달에서 사람이 마실 물, 씻을 물을 확보해야 하지.

천문학자들은 특히 달의 남극과 북극에 많은 물이 있지 않을까 기대해. 지구에서와 마찬가지로 달에서도 극지방에 가면 태양이 지평선 가까이 낮게 떠 있거든. 태양 빛이 비스듬하게 비춰지지. 그래서 달의 극지방에 있는 크레이터 깊은 곳에는 항상 태양 빛이 닿지 않는 **영구 음영 지역**이 생겨. 1년 내내 깜깜한 그림자로 가려진 부분이 생기는 거야. 이런 지역은 태양 빛을 받지 못하기 때문에 주변보다 온도가 더 낮아. 그 결과 더 많은 물 분자가 얼어 붙어서 달 표면 아래 존재할 수 있지.

실제로 달 극지방 위를 지났던 탐사선들의 레이더 탐사를 통해 달 크레이터 주변에 물이 얼마나 분포해 있는지 파악해 나가고 있어. 아직은 달에 정확히 얼마나 많은 물이 있는지는 논란이 있지만, 현재 과학자들은 달에 퍼져 있는 1m³의 토양 속에 음료수 한 캔 정도 되는 물이 존재한다고 추정해.

중국은 달의 남극에 물이 존재하는지 확인할 계획으로 창어 6호를 준비하고 있어. 아폴로 계획 이후 두 번째 유인 달 탐사를 준비하는 미국의 아르테미스 계획도 우주인을 달의 극지방에 보내려고 해. 과거 아폴로 계획 때는 지구에서 쉽게 교신하기 위해 지구와 마주보는 달의 앞면 한복판을 목적지로 삼았지. 하지만 이제는 달에 잠깐 머물다 오는 것이 아니라 달에서 '한 달 살기'를 해야 하는 만큼 물이 더 풍부한 극지방에 사람을 보내려고 하는 거야.

한국의 첫 달 탐사선

2022년 대한민국에서 최초로 달에 보낸 탐사선 다누리도 미국의 아르테미스 계획에 참여하고 있어. 미국은 다누리를 발사한다는 소식을 듣고, 특별한 임무를 수행해주기를 부탁했지. 바로 달의 남극과 북극의 영구 음영 지역, 다시 말해 크레이터의 어두운 지역에 숨어 있는 물의 지도를 정확하게 파악하는 임무였어. 이를 위해 NASA에서는 태양 빛이 비춰지지 않는 어둠 속에서도 사진을 찍을 수 있는 특별한 카메라인 섀도우 캠을 제작했어. 현재 다누리에는 이 섀도우 캠이 장착되어 있지.

문제가 하나 있었어. 섀도우 캠은 꽤 덩치가 크고 무거운 장비거든. 다누리는 이미 발사할 로켓도 있으니 몸체를 더 크게 만들기는 어려웠어. 과학자들은 다누리에 섀도우 캠을 다는 대신, 그 안에 들어가는 연료의 양을 줄일 수밖에 없었지. 이 때문에 달에 가는 다누리의 여정이 조금 달라졌어. 원래는 지구 주변을 맴돌다가 서서히 속도를 높여 조금씩 달에 접근하려고 했거든. 섀도우 캠을 다느라 연료를 줄이는 바람에 이 방법으로는 달에 다다를 수 없게 되자, 연료가 더 적게 드는 새로운 방법을 찾았지.

그래서 처음 다누리는 달 반대편으로 갔어. 태양의 중력을 이용해 태양 쪽으로 끌려가면서 지구 중력에서 탈출한 다음, 다시 크게 빙 돌아 달 쪽으로 접근하는 독특한 방식을 사용했지. 덕분에 연료는 훨씬 적게 쓸 수 있었지만 지구에서 달 궤도에 접근하기까지 무려 4개월에 가까운 긴 시간이 걸렸어.

　강력한 새턴 V 로켓의 연료를 한꺼번에 태우면서 곧바로 지구에서 달까지 3일 만에 다다랐던 아폴로 계획과 비교하면 정말 긴 여행이었어. 다행히 다누리는 예정된 궤도를 완벽하게 잘 따라갔지. 원래 계획보다 궤도 수정을 적게 하면서 달 궤도에 무사히 안착할 수 있었어. 지금도 열심히 달 주변을 맴돌면서 달 전역의 지도를 그리고, 물의 존재를 파악하는 작업을 성실히 해내고 있지. 앞으로 아르테미스 계획의 우주인들은 다누리가 달의 극지방에서 점 찍은 착륙 후보지들 중 한 곳을 방문하게 될 거야. 우리나라도 두 번째 유인 달 탐사 계획의 중요한 역할을 맡은 거지.

인류를 구원할 달의 보물?

최근 들어 물보다 더 주목받는 달의 보물이 있어. 달의 암석에서 발견된 **헬륨-3**라는 성분이야. 헬륨-3를 설명하려면 조금 어려운 이야기를 해야 해. 자, 집중!

보통 원자는 중심에 양성자와 중성자로 이루어진 원자핵과 그 주변의 전자로 이루어져 있어. 양성자는 전기적으로 + 성질을 띠고, 전자는 − 성질을 띠지. 중성자는 이름 그대로 전기적으로 중성인 입자야. 원자의 종류와 성질은 원자핵에 얼마나 많은 + 입자, 다시 말해 양성자가 있는지에 따라 달라져.

원자번호 1번인 수소는 가장 간단하지. 수소의 원자핵은 양성자 딱 1개로 이루어져 있어. 그다음 원자번호 2번 헬륨은 양성자 2개와 중성자 2개로 이루어져 있지. 그런데 자연에는 종류는 같지만 질량이 조금씩 다른 원자들이 있어. 예를 들어 중심의 원자핵이 양성자 1개, 중성자 1개가 더해지면 똑같은 수소지만 살짝 더 무거운 중수소가 되지. 여기에 중성자가 하나 더 달라붙으면 조금 더 무거운 수소인 삼중수소가 돼.

헬륨도 마찬가지야. 원래 평범한 헬륨 원자핵은 양성자 2개, 중성자 2개지만, 여기서 중성자 1개가 빠지면 이번에는 평범한 헬륨보다 살짝 가벼운 헬륨-3라는 성분이 되지.

이런 다양한 성분들은 태양에서 태양풍과 함께 사

방의 우주 공간으로 퍼져 나가. 태양은 전체가 수소와 헬륨으로 이루어진 뜨거운 가스 덩어리거든. 표면 온도만 6,000도에 달해. 이 높은 온도 덕분에 수소와 헬륨이 더 작게 양성자와 중성자로 쪼개졌다가 다시 합쳐지면서 조금씩 질량이 다른 수소와 헬륨이 만들어지지. 그리고 태양풍을 타고 지구와 달까지 날아와.

그런데 지구에는 행성 전체를 감싸고 있는 자기장이 있어. 자기장은 이런 전하를 띠는 태양풍 입자들이 그대로 지표면에 쏟아지지 못하게 막아 주는 보호막 역할을 하고 있지. 한편 달은 지구처럼 강력한 자기장이 없어서 태양풍에 그대로 노출되지. 태양풍과 함께 불어온 다양한 수소, 헬륨 들이 고스란히 달 표면에 쌓이게 돼. 이 과정에서 지구에서는 찾기 어려운 헬륨-3가 달 표면에 잔뜩 묻게 된 거야. 100~200만 톤이나 되는 헬륨-3가 달 표면 아래 묻혀 있다고 추정하고 있어.

그럼 헬륨-3가 달에서 발견된 것이 대체 왜 중요할까? 그건 바로 헬륨-3가 앞으로 인류의 미래를 구원할지도 모를 해결사로 각광받고 있기 때문이야. 오래전부터 인류는 화석 연료를 사용해 문명 발전을 이루어 왔어. 하지만 이제 화석 연료 때문에 발생하는 이산화탄소를 비롯한 온실가스가 문제가 되고 있지. 이미 지구 온난화는 심각한 수준에 이르렀어. 그 대안으로 원자력 발전을 했지만 이 역시 치명적인 문제가 있지. 해결되지 않는 방사성 폐기물 문제야. 방사성 폐기물은 자연적으로 완벽하게 사라지기까지 수백만 년이 넘는 긴 시간이 걸려. 그러다 보니 처리 과정에서 여러 환경 문제를 일으키지.

헬륨-3는 왜 유용해?

원자력 발전보다 더 효율적이고, 오염 물질도 거의 만들지 않는 더 좋은 발전 방식은 없을까? 천문학자들은 태양과 같은 별이 빛을 내는 데서 힌트를 얻었어. 별은 수억 년 가까운 긴 세월 동안 불씨가 꺼지지 않고 밝게 빛나고 있잖아. 그 이유는 별 속에서 벌어지는 핵융합 반응 덕분이지. 핵융합은 수소처럼 덩치가 작고 가벼운 원자핵들이 서로 부딪히고 합쳐지면서 더 무거운 원자핵을 만드는 반응이야. 대표적으로 수소 원자핵 4개가 모여서 헬륨 원자핵 1개를 만드는 수소 원자핵 반응이 있지.

그런데 작은 원자핵 여러 개가 모여서 덩치 큰 원자핵 1개를 만들 때 전체 질량이 살짝 줄어들거든. 수소 핵융합을 예로 들면 따로 노는 수소 원자핵 4개의 질량을 합한 것에 비해, 이들을 모아 완성한 헬륨 원자핵 1개의 질량이 살짝 줄어든다는 뜻이야. 이때 감소한 질량이 바로 별의 내부 온도를 뜨겁게 유지하는 에너지로 바뀌지. 태양은 이런 방식으로 50억 년 가까이 계속 타오르고 있는 거야. 최고 효율을 자랑하는 우주 최강의 발전 방식이라고 볼 수 있지.

이러한 핵융합 반응에서 헬륨-3는 유용하게 쓰일 수 있어. 원래 천문학자들은 지구에서 수소 핵융합 반응을 재현하기 위해 좀 더 무거운 원자핵을 가진 수소인 중수소와 삼중수소를 활용하는 방안을 고민해 왔거든. 지구는 사실상 표면의 70%가 바다로 덮여 있는 물의 행성이잖아. 바닷물은 수소 2개와 산소 1개로 이루어진 물 분자의 세계지. 그러니 바다에서 수소를 얻는 건 어려운 일이 아니야. 특히 중수소는 지구에서도 그리 어렵지 않게 구할 수 있는, 자연적으로 쉽게 만들어지는 성분이거든. 문제는 삼중수소는 지구에서도 구하기가 아주 까다롭다는 거지. 삼중수소가 인체에 들어갔을 때 어떤 안 좋은 영향을 미칠지에 대한 논란도 있어.

최근 달에 많은 양의 헬륨-3가 존재한다는 발견이 이어지면서 중수소와 삼중수소가 아닌, 헬륨-3를 활용해 핵융합을 시도하는 것이 더 좋을 수 있다는 이야기가 나오고 있어. 특히 핵융합 재료로 수소만 쓸 때보다 헬륨-3를 쓰면 훨씬 더 많은 에너지를 얻을 수 있거든. 게다가 지구에서 구하기 어렵고 위험할지도 모르는 삼중수소를 쓰는 대신, 달에서 쉽게 구할 수 있는 헬륨-3를 쓰는 것이 더 나은 대안이 될 수 있을 거야. 지구에서 석유를 두고 경쟁이 벌어졌다면, 이제는 달에서 헬륨-3라는 새로운 자원을 두고 경쟁할지도 몰라.

달 자원의 주인

달에서 헬륨-3를 가져온다면 주인은 누가 될까? 아폴로 계획을 준비하던 당시, 미국을 비롯한 세계 여러 나라는 우주에서의 영토 분쟁을 막기 위해 1967년 **우주 조약**을 맺었어. 우주 조약에 따르면 달을 포함한 우주의 모든 천체에 대해 특정 국가가 소유권을 주장할 수 없어. 전 세계가 남극을 평화적으로만 이용하자고 약속한 남극 조약과 비슷해. 남극 조약에 따르면 과학자들은 연구를 위해 남극에 방문할 수 있지만, 특정한 나라가 영유권을 주장할 수 없어.

그럼 달 자원은 인류 모두를 위해 쓰일 수 있을까? 꼭 그렇다고 보기는 어려워. 우주 조약에는 빈틈이 있거든. 조약 내용을 보면 국가의 소유권에 대해서만 명시했을 뿐 개인 기업이 소유권을 주장할 수 있는지 없는지는 자세히 적지 않았어. 또한 천체에 대한 소유권을 주장할 수 없을 뿐이야. 천체에서 얻은 자원의 소유권을 어떻게 할지는 정해 두지 않았다는 거지. 마치 누구도 바다의 소유권을 주장할 수 없지만, 어부들이 바다에서 생선을 잡으면 팔 수 있는 것과 같아.

먼 옛날 우주 자원 문제가 현실이 될 거라고 생각하지 않았던 때 만든 조약이라서 허술한 부분이 있을 수밖에 없어. 이런 상황에서 일론 머스크가 설립한 미국의 우주탐사 기업 스페이스 X처럼 서둘러 우주 개발에 나선 기업들이 먼저 달에서 자원을 채굴하는 상황이 벌어진다면 어떻게 될까? 기업 마음대로 달 자원을 비싼 값에 팔게 될 수도 있어. 어쩌면 머지않은 미래, 달에서 헬륨-3를 선점한 기업들이 석유 재벌 빈 살만 왕세자나 만수르처럼 될지도 모르지.

그러다 달 자원이 점차 고갈된다면, 얼마 남지 않은 자원을 두고 달에서 또는 지구에서 전쟁이 벌어질 위험도 있을 거야. 아직은 핵융합 발전이라는 기술이 완성되지 않은 시점이라서 당장 이런 일이 벌어지진 않겠지. 하지만 조만간 핵융합 발전이 가능한 시대가 되어 달에 존재하는 헬륨-3의 활용 가치가 밝혀진다면, 본격적으로 달은 자원 경쟁의 무대가 될 거야. 이제 달은 더 이상 밤하늘에 덩그러니 떠 있는 평범한 천체가 아니야. 인류가 살아남기 위해 언젠가는 반드시 쓸 수밖에 없는 새로운 자원의 터전이 된 거지.

한편으로는 달에서 자원을 마구 캐다 보면 달이 점점 가벼워지다가 사라지는 건 아닐까 걱정하기도 해. 다행히도 그런 걱정은 하지 않아도 괜찮아. 달에 물과 헬륨-3를 비롯한 자원이 아무리 많다고 하더라도 달 전체 질량에 비하면 아주 작은 부분이거든. 그래서 인류가 순식간에 달 자원을 전부 캐낸다고 하더라도 달의 질량에 큰 변화는 없을 거야.

다시 달에 가자, 아르테미스 계획

이미 반세기 전 달에 발자국을 남겼던 미국은 그다음 행선지를 어디로 정할지 오랫동안 고민했어. 버락 오바마 정부 때까지만 해도 NASA는 시간을 들여 기술을 발전시킨 후 화성으로 우주인을 보낸다는 마스 퍼스트Mars first를 추진했지. 하지만 뒤이은 도널드 트럼프 정부에서 계획을 크게 바꾸었어. 오랜 시간 비어 둔 달부터 되찾은 뒤 다음 목적지를 향해 가자는 문 퍼스트Moon first 전략을 내세웠지. 새로운 유인 달 탐사 계획의 이름인 아르테미스는 신화 속 태양의 신 아폴로의 쌍둥이 동생인 달의 신 이름이기도 해. 앞선 아폴로 계획의 정신을 이어받겠다는 뜻을 지닌 멋진 이름이지.

그래서 아르테미스 계획은 달을 보는 관점이 아폴로 계획 때와는 많이 달라. 아폴로 계획이 진행되던 때는 달을 여행하는 것이 목적이었어. 그 누구도 가본 적 없는 달에 가는 첫 시도였기에 그 자체가 목적이었지. 하지만 이제 달은 단순히 여행을 위한 장소가 아니야. 그다음 궁극적인 목적지인 화성으로 사람을 보내기 위해 잠시 머물다 갈 중간 거점으로서 달을 여기고 있지.

아폴로 계획 때는 2~3일 정도 잠시 달에 머물다 왔다면, 아르테미스 계획은 거의 한 달 동안 달에서 지내는 것이 목표야. 그래서 달 궤도를 도는 국제우주정거장, **루나 게이트웨이**를 건설할 계획을 세우고 있지. 중력이 강한 지구에서 한꺼번에 로켓을 발사해서 화성까지 날려 보내려면 아주 강한 로켓이 필요해. 또한 지금 기술로 아무리 빠르게 화성까지 간다고 해도 거의 6~8개월이 걸리거든. 그 긴 여행을 사람이 버텨 내려면 정말 많은 식량과 물자가 필요할 거야. 그래서 지구에서 화성까지 한 번에 비행하는 대신 일단 가까운 달에 가서 짐과 연료를 보강한 다음, 중력이 약한 달에서 더 수월하게 로켓을 발사해서 화성으로 떠나는 계획을 세우고 있지.

루나 게이트웨이 상상도 ©NASA

　이러한 방식으로 태양계에 진출하려면 달 주변에 우주인들이 오래 머무르면서 일할 수 있는 기지가 필요한 거야. 달 기지를 통해 궁극적으로는 달을 특별한 이벤트가 있을 때만 잠깐 구경하고 오는 장소가 아닌, 언제든 어렵지 않게 갈 수 있는 방문지로 바꾸겠다는 대단한 계획이지. 인류의 생활권이 지구를 벗어나 달로 뻗어 나가는 거지.

　2022년 11월, 드디어 아르테미스 계획의 첫 번째 로켓 발사가 있었어. 이때는 사람이 탑승하진 않았어. 새롭게 개발한 SLS 로켓과 오리온 우주선의 성능이 검증되지 않은 시점이라 무인으로 진행되었지. 로켓 안에는 우주복의 성능을 점검하기 위해 우주복을 입힌 마네킹 3개를 사람 대신 태웠어. 이 마네킹들은 무네킹Moonikin이라고 불러. 달moon과 마네킹manikin을 합친 말이야.

발사가 두 차례 연기된 끝에 아르테미스 1호는 드디어 힘차게 지구를 떠났어. 발사 후 5일째가 되는 날 예정대로 달 궤도에 진입했지. 아르테미스 1호 오리온 우주선에 탑재된 카메라로 달 궤도에서 바라본 작고 푸른 지구의 모습도 확인할 수 있었어.

이후 오리온 우주선은 10일 정도 달 주변에 머무르면서 우주선과 우주복의 성능을 점검했지. 오리온 우주선 안에는 유기체인 효모도 실려 있었어. 우주선이 우주에서 쏟아지는 방사선으로부터 생명체를 잘 보호하는지를 알아보기 위해 함께 태워 보낸 거야. 50년 전에는 거북이가 사람에 앞서 달을 보고 왔다면, 이번에는 효모가 먼저 달을 구경하고 온 셈이지.

이후 아르테미스 1호의 오리온 우주선은 속도를 높여서 달 궤도를 벗어났어. 지구를 향해 돌아온 건 거의 한 달 만이었지. 우주선은 대기권에서 낙하산을 펼쳤고 태평양에 착륙했어. 우주선에 타고 있던 마네킹들도, 효모도 무사했어. 아르테미스 1호의 테스트는 성공적이었지. NASA는 대담하게도 바로 다음 아르테미스 2호부터 실제 우주인을 달에 보낼 예정이야.

2023년 4월, NASA는 거의 반세기 만에 달 궤도에 갈 첫 번째 우주인들을 발표했어. 아르테미스 계획은 로켓을 한 번 발사할 때마다 우주인 4명을 보내. 아르테미스 2호에서는 국제우주정거장ISS에서 일한 경력이 있는 베테랑 리드 와이즈먼이 수석 우주비행사를 맡았어. 파일럿은 빅터 글로버야. 글로버는 스페이스X에서 처음 시도했던 유인 우주선 크루 드래건의 조종사로 우주에 다녀온 경험이 있어. 그리고 국제우주정거장에서 거의 1년 가까이 일했던 크리스티나 코크, 아르테미스 2호 미션이 첫 우주 비행이 될 지질학자 출신의 제레미 한센도 함께야.

아르테미스 계획은 아폴로 계획 때와 비교해 중요한 차이점이 있어. 벌써 눈치챘다고? 아폴로 계획 때까지만 해도 달에 갔던 우주인은 전부 백인 남성뿐이었지. NASA는 이번 미션부터는 모든 인류를 대표할 수 있는 우주인을 선발하기 위해 더욱 신경 썼어. 만약 아르테미스 2호가 계획대로 성공한다면 글로버와 코크는 각각 역사상 처음 달 궤도에 머물다가 돌아오는 유색인종, 여성 우주인이 될 거야.

아르테미스 2호는 아르테미스 계획에서의 첫 번째 유인 달 탐사 시도인 만큼, 달 궤도에만 머물다가 다시 지구로 돌아와. 앞으로 진행될 실제 달 탐사를 위해서 오리온 우주선의 시스템을 점검할 예정이지.

달에서 살아갈 시대

아르테미스 2호 이후 2025~2030년에 진행될 아르테미스 3~5호 미션은 더 대단한 계획이 있어. 아르테미스 3호부터는 우주인이 직접 달 표면에 착륙할 예정이야. 만약 성공한다면 가장 마지막으로 달에 사람이 발자국을 남겼던 아폴로 17호 이후 50년이 넘는 세월 만에 사람이 달을 밟고 서는 순간이 되겠지. 이를 통해 달에 기지를 건설하기 위한 기초적인 작업을 할 예정이야.

달 궤도로 가는 4명의 우주인 중 달 표면으로 내려가

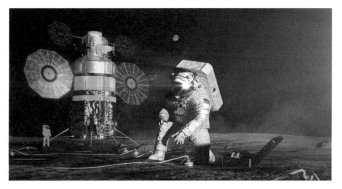

아르테미스 계획 상상도 ©NASA

는 건 2명이야. 아폴로 계획 때와 마찬가지로 우주인 둘이 달을 거니는 사이, 남은 둘은 오리온 우주선에 남아서 동료를 기다릴 예정이지. 아르테미스 4호 때부터는 루나 게이트웨이의 건설도 본격적으로 시작돼. 지금 지구 궤도를 돌고 있는 거대한 국제우주정거장도 한꺼번에 궤도에 올리지 않았어. 1998년 첫 번째 모듈을 궤도에 올리고 새로운 모듈을 하나씩 올려 우주에서 도킹하는 방식으로 지금의 규모로 조립했지.

　다만 국제우주정거장은 지구 대기권 가장자리에 살짝 걸친 낮은 고도에서 돌기 때문에 지금 이 순간에도 지구 대기와의 마찰이 생겨. 그래서 조금씩 속도가 느려지면서 궤도가 낮아지고 있지. 낮아진 궤도를 다시 원래 수준으로 조정하려면 주기적으로 연료를 뿜으면서 궤도를 높여야 해.

NASA는 벌써 20년 넘게 사용해 온 국제우주정거장을 곧 폐기할 예정이야. 2030년 즈음 대륙과 먼 태평양 한가운데에 추락시킬 생각이지. 국제우주정거장이 하늘에서 바다로 떨어지더라도 대부분의 부품은 대기 중에서 타버리겠지만 몇몇 커다란 모듈은 그대로 바닷속에 잠길 수도 있어. 20세기 후반부터 21세기 초반까지 우주를 향한 인류의 꿈을 상징하며 600명이 넘는 우주인이 방문하고 상주했던 우주 보금자리가 하늘에서 거대한 불꽃이 되어 떨어지는 모습은 안타까우면서도 장관이겠지?

달 기지가 가져올 미래

국제우주정거장이 폐기되면 한동안 우리는 어떤 우주정거장도 없는 시기를 보내게 될 거야. 바로 그 빈자리를 달에 지을 루나 게이트웨이가 채우는 거지.

루나 게이트웨이는 약 7일 주기로 달 주변을 찌그러진 타원 궤도로 돌 거야. 루나 게이트웨이가 그릴 궤적은 조금 독특해. 단순히 달을 중심에 두고 도는 궤도가 아니지. 지구와 달, 두 천체의 중력이 균형을 이루는 **라그랑주점**을 중심으로 달의 중심에서 약간 벗어난 궤도를 그리게 돼. 그래서 달 궤도에서 지구 안쪽으로 약간 치우친 궤도를 그리지. 이런 궤도를 선택한 이유는 지구에서 볼 때 루나 게이트웨이가 궤도를 도는 내내 달 뒤편으로 숨지 않도록 하기 위해서야. 그래야 교신이 계속 끊기지 않을 수 있거든.

루나 게이트웨이의 계획을 보면 국제우주정거장에서 살짝 축소된 버전처럼 보일 수 있어. 하지만 이곳은 단순히 우주인들이 머무는 우주정거장 역할만 하지는 않을 거야. 루나 게이트웨이에는 크게 2개의 도킹 지점이 있어. 한 곳은 지구에서 떠나온 오리온 우주선에서 우주인들이 루나 게이트웨이로 들어가기 위한 곳이야. 입구인 셈이지. 그리고 반대편에는 달 착륙선을 위한 도킹 지점이 있어. 바로 이곳을 통해 착륙선으로 이동한 우주인들이 달 표면으로 내려가게 돼.

이런 식으로 루나 게이트웨이를 이용할 수 있게 된다면 우주인이 달에 내려가기도 훨씬 쉬워질 거야. 지구에서부터 로켓을 발사해서 힘겹게 달까지 갈 필요가 없으니까. 달 궤도를 빙글빙글 도는 루나 게이트웨이에서 착륙선 모듈만 분리해서 달 표면에 내려 보내면 되니 말이야. 그럼 머지않아 달은 인류가 편하게 오가거나 자리 잡고 살아갈 수 있는 곳이 될 거야.

미국과 소련, 그 다음은?

미국과 소련 다음으로 달에 탐사선을 보낸 나라는 바로 일본이야. 1990년 1월 일본은 히텐이라는 이름의 탐사선을 발사했어. 히텐은 부처님 곁에서 구름을 타고 악기를 연주하는 보살 중 한 명의 이름이기도 하지. 히텐은 일본어로 깃털 옷을 뜻하는 하고로모라는 이름의 달 탐사선을 함께 싣고 갔어. 원래 계획은 히텐이 달에서 가장 가까운 지점을 지날 때 하고로모를 분리해 달 궤도에 머무르게 하는 것이었지. 마치 보살이 깃털 하나를 달에 두고 오는 것과 같은 미션이었어.

하고로모는 달 궤도에 안착했지만, 안타깝게도 통신은 정상적으로 이뤄지지 않았어. 지구에서는 아무런 데이터를 받지 못했지. 그래서 일본의 과학자들은 하고로모 대신 히텐을 달 곁으로 보내기로 한 거야. 문제는 히텐은 이미 할 일을 끝내서 연료가 거의 남지 않았다는 거였지. 그래서 새로운 도전을 하기로 했어. 연료를 거의 쓰지 않고 태양과 지구, 달의 중력을 이용해 달 궤도에 자리 잡는 시도를 한 거지! 연료를 최대한 아끼면서 달까지 가야 했던 우리나라의 달 탐사선 다누리와 비슷한 전략을 썼던 거야.

기발한 아이디어와 용감한 시도 덕분에 히텐은 몇 개월을 빙 돌아 1991년 8월 잠시나마 달 곁에 머무르는 탐사선이 되었어. 얼마 지나지 않아 히텐은 궤도가 불안정해졌고, 과학자들은 히텐을 달 표면에 충돌시켰어. 원래는 달 뒷면에 떨어뜨리려 했지만, 달과 충돌하는 순간을 지구에서도 확인하기 위해 달 앞면에 떨어뜨렸지.

2007년 일본은 두 번째 달 탐사선 셀레네를 쏘아 올렸어. 셀레네는 2009년 6월 미션이 끝날 때까지 달 주변을 맴돌면서 달 전역의 세밀한 지도를 완성했지. 태양 빛이 거의 비추지 않아 거의 항상 그림자가 진 달 남극의 크레이터 모습도 고해상도 사진으로 확인할 수 있었어. 그 덕분에 지구 이곳저곳을 3D로 볼 수 있는 구글 어스처럼 달 전역을 입체적으로 살펴볼 수 있는 지도 서비스인 구글 문이 나올 수 있었지.

달을 노리는 민간 기업들

최근에는 미국의 스페이스X처럼 민간의 우주 개발도 활발해. 2019년 이스라엘의 비영리 기업 스페이스IL은 히브리어로 창세기를 뜻하는 베레시트라는 이름의 무인 탐사선을 달에 보내려고 했어. 아폴로 계획 때는 로켓에 최대한 많은 연료를 싣고 달에 가장 빨리 다녀오는 경로를 이용했잖아. 하지만 베레시트는 연료를 많이 쓸 수 없었어. 대신 달의 중력을 이용해 지구 주변을 맴돌던 궤도를 조금씩 길게 찌그러트리면서 달에 다가가려 했지. 달 주변 궤도까지는 잘 갔어. 과연 착륙은 잘했을까?

안타깝게도 베레시트는 엔진에 문제가 생기면서 속도를 줄이지 못했어. 결국 빠른 속도로 달 표면에 추락하고 말았지. 러시아, 미국, 중국에 이어 세계에서 네 번째로 달에 착륙선을 보낸 나라가 될 거라는 꿈을 품었던 이스라엘 국민들은 눈물을 흘리며 아쉬워했다고 해.

가장 가깝게는 2023년 4월 일본의 우주 개발 스타트업 아이스페이스가 달에 탐사선을 보내려고 했지. 세계 최초로 민간에서 진행한 달 착륙 시도였어. 착륙선의 이름은 일본 신화 속 달에 사는 흰 토끼를 부르는 하루코인데, 놀랍게도 하루코는 달 근처까지 접근했어. 하지만 착륙 직전 통신이 끊겼고 달 표면에 빠른 속도로 곤두박질치고 말았지. 착륙 과정에서 연료가 부족했던 탓으로 보여.

당시 하루코 안에는 일본의 한 장난감 회사에서 만든 공 모양의 달 탐사 로봇도 실려 있었어. 공처럼 달 위를 굴러다니면서 간단한 탐사 연습을 할 예정이었지. 아랍에미리트에서 개발한 초소형 탐사 로버도 함께 실렸어. 민간에서 진행한 첫 번째 달 착륙 시도였던 만큼 비용을 받고 다른 나라의 탐사선도 함께 달에 보내려고 한 거야. 최초의 상업용 달 착륙 미션이었던 셈이지. 아쉽게도 부드러운 착륙은 실패했지만, 달 궤도에 접근하는 데는 단번에 성공하는 놀라운 성과를 냈어. 앞으로 더 많은 시도가 이어진다면 머지않아 한 국가의 깃발이 아닌 한 기업의 로고가 박힌 착륙선이 달에 안착하는 모습도 보게 될 거야.

달 남극에 착륙한 1등은?

2023년 러시아는 정말 오랜만에 달에 탐사선을 보내려고 했어. 참고로 러시아는 다른 나라들과 달리 탐사선의 이름을 직관적으로 붙여. 보통 다른 나라들은 특별한 의미를 담기 위해 이름을 국민 공모에 붙이기도 하거든. 우리나라의 나로호, 누리호처럼! 그런데 러시아는 달에 보내는 탐사선에게 달을 뜻하는 루나라는 이름에 숫자만 바꿔 붙이고 있어.

마지막으로 달에 갔던 루나 탐사선은 1976년에 쏘아 올린 루나 24호야. 미국이 여러 번 자국의 우주인을 달에 보내면서 우주 경쟁의 선두가 된 시점이었지. 그래서 러시아, 당시 소련은 달 탐사 경쟁에 대한 열기가 확 식어 버렸어. 그렇게 한동안 러시아는 달 탐사에 큰 관심을 두지 않았지.

하지만 미국과 중국, 유럽, 아시아의 여러 나라와 심지어 민간 기업들까지 다시 달 탐사 경쟁에 뛰어들면서 러시아도 과거의 영광을 되찾기 위해 움직이기 시작했어. 루나 24호를 달에 보내고 거의 50년 가까운 긴 세월이 지난 2023년, 달 남극에 착륙선을 보내는 도전을 했지. 착륙선의 이름은 물론, 루나 25호야.

달 남극의 크레이터는 거의 항상 태양 빛이 잘 들지 않아 그림자가 진다고 했잖아. 그 때문에 얼음이 꽤 많이 있다고 알려져 있어. 러시아는 달 남극의 보구슬라우스키 크레이터에 탐사선을 보내서 얼음을 분석할 계획이었지. 하지만 아쉽게도 루나 25호는 달 착륙 직전 궤도를 조금씩 벗어났고 달 표면에 그대로 추락하고 말았어.

그런데 러시아의 실패 소식이 있고 나서 딱 3일 뒤, 다른 나라가 달 착륙에 성공한 거야! 그것도 정확히 러시아가 착륙을 시도했던 달 남극 보구슬라우스키 크레이터

서쪽 지역에서였지. 드디어 러시아, 미국, 중국의 뒤를 이어 세계에서 네 번째로 달 착륙에 성공한 나라가 나온 거야. 그 주인공은 바로 인도였어. 게다가 달 앞면이 아닌 달 남극에 로봇을 착륙시키는 데 성공한 국가로는 첫 번째가 되었지!

인도는 이미 오래 전부터 달에 탐사선을 보내는 시도를 해왔어. 2008년 인도는 처음으로 달에 탐사선을 보내는 데 성공했지. 탐사선의 이름은 산스크리트어로 달에서의 탈 것을 뜻하는 찬드리얀이야. 2008년 달에 도착했던 찬드라얀 1호는 착륙 시도 없이 달 주변을 맴도는 궤도선이었지만, 달 표면의 세밀한 지도를 완성하고 레이더 관측까지 해냈어.

2019년 여러 번의 연기 끝에 인도는 드디어 달 표면에 착륙선을 내려 보내는 찬드라얀 2호 미션을 실행했지. 궤도선과 착륙선, 로버까지 한꺼번에 보내는 아주 까다로운 미션이었는데, 아쉽게도 실패로 끝나 버렸어. 달 표면에 닿기까지 겨우 2km를 남겨 두고 갑자기 추락하고만 거야.

4년 전의 실패를 딛고 인도는 2023년 다시 찬드라

얀 3호를 보냈어. 그리고 단 2번 만에 달 착륙까지 성공했지. 인도의 NASA와 같은 인도우주연구기구의 설립자 이름에서 따온 비크람이라고 부르는 착륙선은 부드럽게 달 표면에 내려갔어. 착륙선 안에는 바퀴가 달려서 자유롭게 달 남극 크레이터 곳곳을 누빌 수 있는 작은 로버도 실려 있었지.

그동안 달 남극은 러시아와 미국도 그저 그 위를 지나가는 궤도선으로 멀리서 레이더 관측을 하거나 사진 촬영을 하면서 탐사한 게 전부였어. 지금까지 그 어떤 나라도 달 남극에 착륙한 적이 없었지. 그런데 드디어 인도가 달 남극에 안착한 거야. 3일 전에 똑같은 곳에서 착륙에 실패했던 러시아의 반응은 어땠을까? 러시아는 진심을 다해 인도의 성공을 축하했다고 해.

앞으로 이어질 유인 달 탐사, 달 기지 건설을 위해서는 달에서 물을 구하는 문제가 아주 중요하지. 달에서 생활하는 우주인들이 먹고 마시고 씻기 위한 물뿐 아니라, 달에서 직접 로켓의 연료와 산화제를 합성하고, 식물을 재배하기 위해서도 물이 필요해. 따라서 달의 남극 크레이터 속에 얼마나 많은 물이 얼어 있는지, 그 물이 정말 간단한 필터링만 해도 사용할 수 있을지와 같은 문제를 알아보기 위해 다양한 조사를 거쳐야 해. 달 남극의 선발대로 인도의 착륙선은 그 중요한 역할을 해낼 수 있을 거야.

이처럼 러시아와 미국뿐 아니라 일본, 중국, 아랍에미리트, 인도, 그리고 대한민국까지 아시아 국가에서도 달 탐사가 활발하게 이어지고 있어. 이제 우리나라도 다누리 탐사선이 성공적으로 달 궤도에 도착하면서 당당하게 달 탐사 경쟁의 한복판에 뛰어든 거야!

아르테미스 계획

미국이 주도하는 인류의 두 번째 유인 달 탐사 계획으로, 최종
목표는 달에 거주 가능한 기지를 짓는 것

영구 음역 지역

태양 빛이 닿지 않아 달의 극지방 크레이터 깊은 곳에 생기는 어두운
부분

헬륨-3

달의 암석에서 발견된 성분으로 보통의 헬륨보다 살짝 가볍고, 현재
달 자원으로 각광받고 있음

우주 조약

달을 포함한 우주의 모든 천체에 대해 특정 국가가 소유권을 주장할
수 없다고 전 세계가 1967년에 정한 조약

루나 게이트웨이

달 궤도에 건설될 국제우주정거장

라그랑주 점

두 천체의 중력이 균형을 이루는 지점

1장

"Moon Phase and Libration, 2022", NASA, https://svs.gsfc.nasa.gov/4955

"Sidereus nuncius", Smithsonian, https://library.si.edu/digital-library/book/sidereusnuncius00gali

Hevelius, Johannes. "An account of an observation made at Dantzick by Mr. Hevelius, of the eclipse of the moon on the 19. of August 1681. whereof observations made at Paris and Greenwich are published in the third Collection p. 66 and 67." Philosophical Collections 5.1: 160-162.

Gingerich, Owen. "Johannes Hevelius and His Catalog of Stars (Book Review)." Journal for the History of Astronomy 6.1 (1975): 67.

Vertesi, Janet. "Picturing the moon: Hevelius's and Riccioli's visual debate." Studies in History and Philosophy of Science Part A 38.2 (2007): 401-421.

Piccolino, Marco, and Nicholas J. Wade. "Galileo's eye: A new vision of the senses in the work of Galileo Galilei." Perception 37.9 (2008): 1312-1340.

Lyons, Martyn (2011). Books: A Living History. London: Thames & Hudson

Hevelius, Johannes. "Hevelii selenographia, large moon with small moons." (2013)

Molaro, Paolo. "On the Earthshine depicted in Galileo's watercolors of the Moon." On the Earthshine depicted in Galileo's watercolors of the Moon (2013): 73-84.

2장

Canup, Robin M., and Erik Asphaug. "Origin of the Moon in a giant impact near the end of the Earth's formation." Nature 412.6848 (2001): 708-712.

Wiechert, Uwe, et al. "Oxygen isotopes and the Moon-forming giant impact." Science 294.5541 (2001): 345-348.

Canup, Robin M. "Simulations of a late lunar-forming impact." Icarus 168.2 (2004): 433-456.

Touboul, Mathieu, et al. "Late formation and prolonged differentiation of the Moon inferred from W isotopes in lunar metals." Nature 450.7173 (2007): 1206-1209.

Saal, Alberto E., et al. "Volatile content of lunar volcanic glasses and the presence of water in the Moon's interior." Nature 454.7201 (2008): 192-195.

Jutzi, Martin, and E. Asphaug. "Forming the lunar farside highlands by accretion of a companion moon." Nature 476.7358 (2011): 69-72.

Canup, Robin M. "Forming a Moon with an Earth-like composition via a giant impact." Science 338.6110 (2012): 1052-1055.

Mukhopadhyay, Sujoy. "Early differentiation and volatile accretion recorded in deep-mantle neon and xenon." Nature 486.7401 (2012): 101-104.

Paniello, Randal C., James MD Day, and Frédéric Moynier. "Zinc isotopic evidence for the origin of the Moon." Nature 490.7420 (2012): 376-379.

Zhang, Junjun, et al. "The proto-Earth as a significant source of lunar material." Nature Geoscience 5.4 (2012): 251-255.

Saal, Alberto E., et al. "Hydrogen isotopes in lunar volcanic glasses and melt inclusions reveal a carbonaceous chondrite heritage." Science 340.6138 (2013): 1317-1320.

Jacobson, Seth A., et al. "Highly siderophile elements in Earth's mantle as a clock for the Moon-forming impact." Nature 508.7494 (2014): 84-87.

Bottke, W. F., et al. "Dating the Moon-forming impact event with asteroidal meteorites." Science 348.6232 (2015): 321-323.

Young, Edward D., et al. "Oxygen isotopic evidence for vigorous mixing during the Moon-forming giant impact." Science 351.6272 (2016): 493-496.

Barboni, Melanie, et al. "Early formation of the Moon 4.51 billion years ago." Science advances 3.1 (2017): e1602365.

Rufu, Raluca, Oded Aharonson, and Hagai B. Perets. "A multiple-impact origin for the Moon." Nature Geoscience 10.2 (2017): 89-94.

Doucet, Luc S., et al. "Distinct formation history for deep-mantle domains reflected in geochemical differences." Nature Geoscience 13.7 (2020): 511-515.

Heggy, Essam, et al. "Bulk composition of regolith fines on lunar crater floors: Initial investigation by LRO/Mini-RF." Earth and Planetary Science Letters 541 (2020): 116274.

Maurice, Maxime, et al. "A long-lived magma ocean on a young Moon." Science advances 6.28 (2020): eaba8949.

Fischer, Rebecca A., Nicholas G. Zube, and Francis Nimmo. "The origin of the Moon's Earth-like tungsten isotopic composition from dynamical and geochemical modeling." Nature communications 12.1 (2021): 35.

Yuan, Q., et al. "Giant impact origin for the large low shear velocity provinces." 52nd Lunar and Planetary Science Conference. No. 2548. 2021.

Voosen, Paul. "Remains of Moon-forming impact may lie deep in Earth." (2021): 1295-1296.

Kegerreis, Jacob A., et al. "Immediate Origin of the Moon as a Post-impact Satellite." The Astrophysical Journal Letters 937.2 (2022): L40.

3장

PART, A., and TELEVISION CAMERA. "XI. Microbe Survival Analyses." ma| erial and" ph_i_ gn'aphs (1962): 239.

Cortright, Edgar M., ed. Apollo expeditions to the Moon Vol. 10. Scientific and Technical Information Office, National Aeronautics and Space Administration, 1975.

Hall, R. Cargill. Lunar impact: A history of Project Ranger. Vol. 4210. Scientific and Technical Information Office, National Aeronautics and Space Administration, 1977.

Compton, William David. Where no man has gone before: A history of Apollo lunar exploration missions. Vol. 4214. US Government Printing Office, 1989.

Skoog, A. Ingemar, et al. "The Soviet-Russian space suits a historical overview of the 1960's." Acta Astronautica 51.1-9 (2002): 113-131.

Wilhelms, Don E. "To a rocky moon: a geologist's history of lunar exploration." Tucson: University of Arizona Press (1993).

Ulivi, Paolo, and David Michael Harland. Lunar exploration: human pioneers and robotic surveyors. Springer-Verlag, 2004.

Harvey, Brian. Soviet and Russian lunar exploration. Springer Science & Business Media, 2006.

Watkins, Billy. Apollo moon missions: the unsung heroes. Greenwood Publishing Group, 2006.

Vondrak, Richard, et al. "Lunar Reconnaissance Orbiter (LRO): Observations for lunar exploration and science." Space science reviews 150 (2010): 7-22.

Rummel, John D., Judith H. Allton, and Don Morrison. "A microbe on the Moon? Surveyor III and lessons learned for future sample return missions." Conference for Solar System Sample Return Missions, The Woodlands, TX; Lunar and Planetary Institute, Houston, TX, Abstract. Vol. 5023. 2011.

Brooks, Courtney G., James M. Grimwood, and Loyd S. Swenson. Chariots for Apollo: The NASA history of manned lunar spacecraft to 1969. Courier Corporation, 2012.

Crawford, Ian A., and Katherine H. Joy. "Lunar exploration: opening a window into the history and evolution of the inner Solar System." Philosophical Transactions of the Royal Society A: Mathematical, Physical and Engineering Sciences 372.2024 (2014): 20130315.

4장

Mishkin, Andrew, et al. "Human-robotic missions to the Moon and Mars: operations design implications." 2007 IEEE Aerospace Conference. IEEE, 2007.

Xiao, Long. "China's touch on the Moon." Nature Geoscience 7.6 (2014): 391-392.

Maltagliati, Luca. "Frozen in darkness." Nature 540.7634 (2016): 534-534.

Gibney, Elizabeth. "How to build a Moon base." Nature 562.7728 (2018): 474-478.

Race, New Space. "Sustainable space mining." Nature Astronomy 3 (2019): 465.

Li, Chunlai, et al. "China's present and future lunar exploration program." Science 365.6450 (2019): 238-239.

Venkatesan, Aparna, et al. "The impact of satellite constellations on space as an ancestral global commons." Nature Astronomy 4.11 (2020): 1043-1048.

Hayne, Paul O., Oded Aharonson, and Norbert Schörghofer. "Micro cold traps on the Moon." Nature Astronomy 5.2 (2021): 169-175.

Creech, Steve, John Guidi, and Darcy Elburn. "Artemis: An overview of NASA's activities to return humans to the moon." 2022 IEEE Aerospace Conference (AERO). IEEE, 2022.

Kessler, Paul, et al. "Artemis Deep Space Habitation: Enabling a Sustained Human Presence on the Moon and Beyond." 2022 IEEE Aerospace Conference (AERO). IEEE, 2022.

Mallapaty, Smriti. "TO THE MOON! SOUTH KOREA'S FIRST LUNAR MISSION IS ON ITS WAY." Nature 608 (2022).

Song, Young-Joo, et al. "Korea Pathfinder Lunar Orbiter Flight Dynamics Simulation and Rehearsal Results for Its Operational Readiness Checkout." Journal of Astronomy and Space Sciences 39.4 (2022): 181-194.

Maltagliati, Luca. "A long-awaited return to the Moon." Nature Astronomy 7.1 (2023): 10-10.

Noguchi, Takaaki, et al. "A dehydrated space-weathered skin cloaking the hydrated interior of Ryugu." Nature Astronomy 7.2 (2023): 170-181.

다른 포스트

뉴스레터 구독신청

오 도 독 ∷ 01

오늘은 달 탐사

초판 1쇄   2023년 9월 8일

지은이   지웅배

펴낸이   김한청
기획편집 원경은 차언조 양희우 유자영
마케팅   현승원
디자인   이성아 박다애
운영   최원준 설채린

펴낸곳 도서출판 다른
출판등록 2004년 9월 2일 제2013-000194호
주소 서울시 마포구 양화로 64 서교제일빌딩 902호
전화 02-3143-6478 **팩스** 02-3143-6479 **이메일** khc15968@hanmail.net
블로그 blog.naver.com/darun_pub **인스타그램** @darunpublishers

ISBN 979-11-5633-580-1 (44000)
     979-11-5633-579-5 (세트)

다른 생각이
다른 세상을 만듭니다